Paul F. Kiene / J. Rouw

Das Heiligtum Gottes in der Wüste Sinai

Eine evangelistische Betrachtung

HLH
Heijkoop-Verlag
Postfach 303
5830 Schwelm

Die Stiftshütte in der Wüste, Mittelpunkt des Zeltlagers.
Im Hintergrund der Berg Sinai

DAS GOLDENE HAUS

Es stand nicht auf einem Campingplatz,
aber doch zwischen sehr vielen Zelten.
Dort stand das goldene Haus.

Tausende von Zelten gab es da. Nicht Zelte in frischen, bunten Farben - nein, es waren die grauen und schwarzen Zelte eines Nomadenvolkes in der Wüste. Und dabei handelte es sich nicht um ein kleines Völkchen oder einen Stamm, sondern um ein zwölfstämmiges Volk, mehrere Millionen Menschen.

Immer, wenn sie weiterzogen, bildeten sie einen enormen Zug: Männer, Frauen, Kinder und dann noch all das Vieh.
Wo sie ihre Zelte aufschlugen, entstand ein riesiges Feldlager, das immer genau im Viereck angelegt war: Drei Stämme an der Ostseite, drei an der Südseite, drei an der Westseite und drei an der Nordseite.

Und in der Mitte des Lagers wurde jedesmal dieses Haus aufgebaut, das Haus aus Gold - aus Gold und Teppichen.
Das war das Haus GOTTES.

Eigentlich passen sie überhaupt nicht zusammen:
die schwarzen Zelte und das schöne Haus;
auch nicht diese Menschen und Gott.
Denn was wohnt da alles in den Zelten!

Jede Familie hat ihre Sorgen und Nöte und wohl auch ihren Zank und Streit. Wenn wir einmal in die Zelte hineinsehen und zuhören könnten!
Wenn wir einmal in jedes Herz gucken könnten!
Was würden wir sehen?
Genau dasselbe wie in unserem eigenen Herzen:
Eigennutz, Ehrsucht, unreine Gedanken, man mag jemanden nicht, manchmal Haß.

Der Himmel auf Erden

Was soll dieses goldene Haus, das Haus Gottes dann zwischen den Menschen? Warum will Gott denn mit solchen Menschen etwas zu tun haben?
Warum überläßt Er die Menschen nicht sich selbst?
Warum bleibt Er nicht im Himmel...?

...Gott kommt auf die Erde.
Er läßt dieses goldene Haus auf der Erde bauen.
Gott will mitten unter den Menschen wohnen, und Er will, daß Menschen nahe bei Ihm wohnen.
Sie sind WILLKOMMEN bei GOTT.
GOTT ist LIEBE.

Und daß Er bei Menschen wohnen wollte, galt nicht nur für die Zeit des Volkes Israel - es gilt auch in unserer Zeit, und bald gilt es für den neuen Himmel und die neue Erde. Offb. 21, 1 - 3 sagt: „Siehe, die Hütte Gottes bei den Menschen! Und Er wird bei Ihnen wohnen..."

Das wunderbare Haus

Das goldene Haus,
das Haus Gottes
redet von dem Sohn Gottes, redet von Gott und vom Himmel.

Die Geschichte der „Stiftshütte" oder des „Zeltes der Zusammenkunft" - so wird dieses Zelt genannt - ist nicht irgendeine beliebige Beschreibung eines Heiligtums ohne weitere Bedeutung.
Welchen Sinn mag die ausführliche Beschreibung all der Maße, Gewichte und Materialien haben? Sollte es keinen Sinn haben, daß so viele Kapitel der Bibel dafür verwendet werden?

Dieses Haus spiegelt die Gedanken Gottes wider, es soll Kunde geben von der Herrlichkeit des Himmels, von der goldenen Stadt, von dem neuen Jerusalem.
Und tatsächlich, in Hebräer 9, 23 und 24 steht, daß die Dinge der Stiftshütte Abbilder der Dinge im Himmel sind.

Und was ist der Mittelpunkt des Himmels?
Dort ist aller Reichtum und alle Herrlichkeit in einer herrlichen Person zusammengefaßt: in dem Sohne Gottes, in unserem Herrn Jesus Christus.

Er steht im Mittelpunkt der Gedanken Gottes. Das ist von Ewigkeit zu Ewigkeit so, und das entdecken wir, wenn wir die Heilige Schrift untersuchen. Darum kann es nicht anders sein: diese Person werden wir immer wieder sehen dürfen - sowohl in dem ganzen goldenen Haus in der Wüste als auch in den Einzelteilen dieses Hauses.
Die Bibel ist das Buch Gottes.
Gott hat Menschen inspiriert, d.h. „eingehaucht", was sie schreiben sollten. So ist die Heilige Schrift entstanden.
Ziemlich vorn in der Bibel, in ihrem zweiten Buch, in 2. Mose (Exodus), da finden wir die Beschreibung der Stiftshütte.
Es ist kein trockener Bauplan eines Gebäudes, nein, es ist ein mächtiges, lebendiges Gemälde.
Es ist eine Schöpfung, die die Gedanken ihres Schöpfers widerspiegelt. Alles hat hier seine Bedeutung. Diese Bedeutung können wir in diesem Wort Gottes suchen und finden, denn die Heilige Schrift erklärt sich selbst.

Der Auftrag

Dieses Haus durfte daher auch nicht nach menschlichen Überlegungen gemacht werden.
Es mußte gebaut werden, weil Gott den Wunsch hatte: „Sie sollen mir ein Heiligtum machen, daß ich in ihrer Mitte wohne" (2. Mose 25, 8). Er Selbst hat Moses den Entwurf gezeigt, als dieser vierzig Tage mit Ihm auf dem Berg Sinai war (2. Mo. 24, 18).
Darum wird bei der Beschreibung des Baues immer wieder der Ausdruck gebraucht: Es wurde gemacht, wie der Herr es Mose geboten hatte (2. Mo. 39 und 40).
Es sollte so werden, wie kein Mensch es sich erdenken konnte.

GESAMTANSICHT

Wollen wir es uns einmal ansehen?
Von weitem kann man nur die Umzäunung aus Leinen erkennen, hundert Ellen

lang und fünfzig Ellen breit, Umhänge zwischen starken Säulen (2. Mo. 27, 9 und 12). Eine hebräische Elle war ungefähr 50 cm lang. Darum kann man ruhig sagen, daß der eingeschlossene Raum (der Vorhof) fünfzig mal fünfundzwanzig Meter betrug.

Darüber hinaus ragt das Dach des eigentlichen Hauses, das innerhalb der Umzäunung steht und zehn Ellen hoch ist.
Das Dach ist farblich bestimmt nicht schön.
Nein, wenn man es so ansieht, ist nicht viel daran.
Aber so ist es immer mit den Dingen Gottes. Einer, der noch nicht zu Gott gekommen ist, versteht nichts von den Dingen und den Worten Gottes. Es ist für ihn eine Torheit. Das steht auch in der Bibel, in 1. Kor. 1, 18 und 23. An dem Herrn Jesus Christus, dem Sohn Gottes, fanden die Menschen während der Zeit, als Er noch auf der Erde war, auch nichts besonderes. Für sie war alles verborgen, ja sogar reizlos. „Er hatte keine Gestalt und keine Pracht; und als wir Ihn sahen, da hatte Er kein Ansehen, daß wir seiner begehrt hätten...Er war verachtet, und wir haben Ihn für nichts geachtet" (Jes. 53, 2 und 3).
Jeder Gläubige kennt dieses aus Erfahrung: Früher gab es nichts in Christus, das mich angezogen hätte; aber jetzt, nachdem ich Ihn kennengelernt habe, wird Er immer größer und herrlicher für mich.

Zutritt verboten

2. Mose 27, 9-19

Wenn wir näher kommen, beeindruckt uns die Umzäunung.
Es sind helle, weiße Vorhänge, die sich von den grauen Zelten rundherum abheben. Sie geben schon gleich einen Eindruck von der Reinheit und Helligkeit drinnen. Eine beachtliche Höhe auch: zweieinhalb Meter! Da kann kein Mensch drübergucken.
Gott läßt sich nicht sehen.

Es gibt nicht so ohne weiteres ein Willkommen. Die hohen und weißen Vorhänge sagen gleichsam: Zutritt verboten!

Das ist ernst: Normalerweise ist der Zugang zu Gott für jeden Menschen verboten. Einen Menschen hat es gegeben, der innerlich so fleckenlos weiß war wie diese Vorhänge. Das war Christus, Er als der reine, vollkommene Mensch.

Wenn du diese Vorhänge ansiehst, bist du dann auch so?
Ist dein Leben fleckenlos rein?

Viele Menschen wollen Christus nachfolgen. Das scheint sehr schön zu sein.
Aber das erste, das Gott uns durch dieses Haus, ja schon durch die Umzäunung lehren will, ist, daß wir Menschen aus den grauen Zelten, aus der schmutzigen Welt scharf abstechen gegen Seine Reinheit.

Und daß wir nicht einfach so zu Gott gehen können, uns nicht einfach neben Christus stellen oder Ihm nachfolgen können. Seine Reinheit, Seine Sündlosigkeit zeigen uns gerade, wie schmutzig wir von innen sind.

Wir Menschen sind alle befleckt, schmutzig und sündig. „Da ist keiner, der Gutes tue..mit ihren Zungen handelten sie trüglich....die ganze Welt ist dem Gericht Gottes verfallen. Alle haben gesündigt und ermangeln der (oder: erreichen nicht die) Herrlichkeit Gottes." Siehe Röm. 3, 10 - 23.
Dies zu erkennen - damit müssen wir beginnen.
Willst du so ehrlich sein, deine Schuld zu erkennen, mit einem verlorenen Leben zu Gott zu kommen, ehrlich, so, wie du bist? Wenn ja, DANN hat Gott DOCH einen Zugang.
An der Ostseite ist für den Sünder ein Tor, eine offene Tür!

DIE TÜR

2. Mose 27, 16

Was ist das für eine breite und prächtige Tür!
Wegen unserer Sünden müßte Gott sagen: Jeder bleibt draußen in der ewigen Nacht. Alle gehen verloren.
Aber dann kommt das Wunder der Gnade Gottes: Er hat eine Tür gemacht. Für jeden.
Das ist das Evangelium, die frohe Botschaft. Und was für eine Tür ist das!

1. Die Tür ist weit. Sie ist zwanzig Ellen oder zehn Meter breit. So breit sind nicht viele Türen.
Gottes Liebe hat eine so weite Tür für jeden, der hineinkommen will.
Gott will dadurch sagen: der Zugang ist frei für jeden Menschen. Gott ist ein Heiland, der will, daß alle Menschen errettet werden (1. Tim. 2, 3 und 4).
Wer will, kann kommen, sagt Off. 22, 17.

2. Es ist eine schöne Tür. Vier Farben trägt sie: Himmelblau, Purpur und Scharlach auf Weiß gestickt. So sieht die Tür aus, durch die man hineingeht. Die Farben sprechen von der Person des Herrn Jesus. Darüber später.

3. Das Hineingehen ist bequem.
Die Tür ist nicht aus Holz oder Metall. Es handelt sich lediglich um einen Vorhang von zwanzig Ellen Breite und fünf Ellen Höhe.
Sogar ein Kind kann da hineingehen. Jung und alt sind WILLKOMMEN.

4. Es gibt nur *eine* Tür.
Der Herr Jesus selbst hat uns erklärt, was diese Tür bedeutet, als Er auf der Erde war. Er hat gesagt:

„ICH BIN DIE TÜR; wenn jemand durch mich hineingeht, so wird er errettet werden" (Joh. 10, 9). Durch Ihn haben wir den Zugang zum Vater, sagt Eph. 2, 18 und 3, 12. Er allein ist der Retter. Es ist nicht so, wie man wohl sagt: Jeder kann auf seine eigene Art selig werden. Nein, es gibt nur eine einzige Möglichkeit, gerettet zu werden: Da ist *ein Mittler zwischen Gott und Menschen*, *der Mensch Christus Jesus*, sagt *1. Tim. 2, 5*.
Nur Er gibt Zugang zur Wohnung des Vaters.

Die geschlossene Tür

Aber die Bibel sagt auch, daß die Tür einmal geschlossen werden wird. Die Tür zur Rettung wurde auch bei der Arche in 1. Mose 7, 16 - 23 geschlossen.
Die fünf törichten Jungfrauen, die zur Hochzeit gehen wollten, kamen zu spät. Die Tür war für sie geschlossen.

Es gibt nur zwei Möglichkeiten:
Drinnen oder draußen zu sein.
Drinnen = gerettet, bei dem Fest für immer und ewig.
Draußen = verloren, in der Nacht für immer und ewig.
Das ist der Unterschied zwischen Leben und Tod, zwischen ewigem Licht und endloser, stockdunkler Nacht.
Du bist hineingegangen durch den Herrn Jesus Christus, oder du bist draußen. Die Tür kann plötzlich zugehen, z.B. in deiner Sterbestunde. Manchmal geschieht das ganz unerwartet; wer weiß, wie bald! Oder etwas anderes kann geschehen, was

Umhänge aus weißem Leinen umschlossen den Vorhof, in dem der Brandopferaltar, das Waschbecken und das goldene Haus mit den Teppichen standen.
Hier wohnte Gott. Die Menschen, die ringsumher lebten, waren genauso sündig wie wir.
Aber Gott ist Liebe. Er wollte bei den Menschen wohnen.

Es gab einen Weg durch die Tür (das Mittelstück an der Vorderseite), um am Altar und am Waschbecken entlang durch den Vorhang dorthin zu kommen, wo Gott wohnte.
Genauso gibt es auch jetzt einen Weg, auf dem Sünder zu Gott kommen können.
Der Herr Jesus sagt: Ich bin der Weg!

Das goldene Haus war mit weißen Umhängen umzäunt. Denn die Reinheit und Heiligkeit Gottes muß den schuldigen Menschen eigentlich von diesem Haus ausschließen. Und doch gab es eine breite, schöne Tür: „Wenn jemand durch mich hineingeht, wird er errettet werden“ (Joh. 10,9).
Niemand braucht draußen zu bleiben.
Gott ruft allen ein herzliches Willkommen zu!

auch nahe bevorsteht: Der Herr Jesus kann wiederkommen! Wenn du dann noch nicht hineingegangen bist, ist es für ewig zu spät.
Stell dir vor, daß du vor einer geschlossenen Tür stehen wirst, die niemals mehr geöffnet wird!

Draußen ist das Heulen und das Zähneknirschen; der Selbstvorwurf: wäre ich doch hineingegangen, als ich das Büchlein über WILLKOMMEN las!

Wo stehst du? Welche dieser beiden Zeilen paßt zu dir?

Ich bin drinnen
Ich bin draußen

Was von beiden kannst du durchstreichen?
Hast du den Mut, diese Frage ehrlich zu beantworten?
Noch steht die Tür offen. Noch steht Christus mit geöffneten Armen da und sagt: Komm zu Mir mit deinen Sünden, KOMM! (Matth. 11, 28; Joh. 6, 37)

DER BRANDOPFER - ALTAR

Dort kommt ein Mann, irgend jemand aus dem Volk, ein Israelit. Der Mann fühlt sich nicht wohl. Unruhig ist er. An einer Leine hat er ein Schaf. Was treibt ihn?
Er hat Angst, er fürchtet sich vor Gott.
Er hat gesündigt, und deshalb schlägt sein Gewissen.
Er weiß von einem heiligen Gott, der dort drinnen in dem goldenen Haus wohnt.

Soll er denn vor Gott fliehen, in die entgegengesetzte Richtung?
Nein, denn vor Gott kann er nicht fliehen? Der Schweiß bricht ihm aus, wenn er an den gerechten Gott denkt.

Der Vorhof

Der Mann geht weiter - vorbei an der ganzen Nordseite, an der weißen Wand entlang.
Ihre Reinheit spricht zu seinem Gewissen.
Er kommt an die Ostseite. Dort sieht er eine Tür, die weit offen steht.
Er zögert nicht länger und geht hinein.

Da steht er in einem geräumigen Vorhof. Ihm gegenüber erhebt sich das schöne Haus, das Haus Gottes, beeindruckend hoch: zwanzig Ellen, also zehn Meter! Die Sonne brennt auf den Sand des Vorhofs.
Er fühlt sich in das Licht Gottes gestellt: Er fühlt, daß Gott durch seine Kleider hindurch in sein Herz sieht und alles genau über ihn weiß.

Ein Priester kommt auf ihn zu. Was ist mit dir? fragt der Priester. Der Mann stammelt: Ich...ich habe gesündigt...und...Gott...muß...strafen...Ja, sagt der Priester, dann bist du hier richtig. Gerade für Sünder hat Gott dieses alles einrichten lassen; nicht für Menschen, die denken, daß sie brav sind.

Altar und Opfer

Komm ruhig mit! - Und dann stehen sie bei dem ersten Gegenstand der Stiftshütte, dem großen ehernen (kupfernen) Brandopferaltar. Das Wort Altar bedeutet Schlachtplatz. Wie unzählbar viele Opfertiere sind darauf geschlachtet und verbrannt worden! Die ganze Bibel hindurch wird uns erklärt, was die Bedeutung von Altar und Opfer ist: sie sprechen von Christus und Seinem Versöhnungswerk auf dem Kreuz. Dies ist der Zentralpunkt aller Gedanken Gottes und der einzige Grund zur Rettung von Sündern.

Sowohl der Altar als auch die Tausende von Opfern, die im Lauf vieler Zeitalter gebracht wurden, geben ein eindrucksvolles Bild von dem vollkommenen Opfer Christi und von Seinem Erlösungswerk am Kreuz.
Von Ewigkeit zu Ewigkeit ist *das Kreuz* des Erlösers der Mittelpunkt von Himmel und Erde.

Gottes Plan

Gott wußte im voraus, wie es mit der Schöpfung gehen würde. Er kannte die Pläne des Teufels, der alles, was von Gott ist, zerstören will; der die Schöpfung, aber auch jedes Menschenleben verwüsten und mitziehen möchte in das ewige Verderben.

Schon lange vorher aber, von Ewigkeit her, hatte Gott einen Plan in Seinem Herzen, wodurch Er Menschen retten wollte. Das konnte nur Gott erdenken. Er ist der heilige Gott, der die Sünde nicht ungestraft lassen kann. GOTT ist LICHT, 1. Joh. 1, 5. Er muß den Menschen gerecht richten und strafen.

Aber wenn Er dies täte, wie sollte sich da Seine *Liebe* zeigen? GOTT ist LIEBE, sagt 1. Joh. 4, 8 und 16.
Dann hat Er jenen Plan entfaltet: Gottes eigener Sohn sollte auf die Erde gehen und Mensch werden, um anstelle von schuldigen Sündern zu sterben...

Jedes Opfertier, das während der Zeit des Alten Testamentes geschlachtet wurde, jeder Altar wies auf den vielgeliebten Sohn Gottes hin, wie Er einmal auf die Erde kommen sollte, um an dem schrecklichen Kreuz zu leiden und zu sterben.

Sterben anstelle von ...

- Ich sehe, daß du schon ein Opfertier mitgebracht hast, sagt der Priester zu dem Mann mit dem Schaf.
- Ja, davon wußte ich schon. Muß das Tier wirklich sterben?
- Sicherlich, denn ohne Blutvergießen ist keine Vergebung möglich (Heb. 9, 22).
- Aber dieses Tier ist unschuldig! Und meine Kinder lieben es so sehr. Dieses Schaf hat doch nichts Böses getan?
- Darum geht es doch gerade! Ein Schuldiger kann niemals den Platz eines anderen Schuldigen einnehmen. Du hast durch deine Sünde dein Leben verspielt. Jetzt mußt entweder du sterben oder ein unschuldiger Stellvertreter!

Lege jetzt deine Hand auf den Kopf dieses Lammes!
Damit erkennst du an, daß du schuldig bist und das Lamm unschuldig ist. Gott sieht diese Handlung als eine Einsmachung mit dem Opferlamm an...
Das Lamm wird dann schuldig. Wenn das Lamm stirbt, bist du frei und schuldlos, so wie das Lamm es war.

Still legt der Mann seine Hand auf den Kopf des Lammes. Noch einige Vorbereitungen ... das Messer ... und dann fließt das Blut des Lammes in den Wüstensand. Es ist schrecklich anzusehen. Der Israelit aber blickt erleichtert zum Himmel auf; es ist ihm, als ob eine schwere Last von ihm abfällt... Das Lamm starb an seiner Stelle. „Und es wird ihm vergeben werden". versichert 3. Mose 4. O Gott, ich danke Dir.

Welch ein Freund ist unser Jesus, der an unserer Stelle sein wollte!

O Jesu, teures Gotteslamm!
Du wurdest an des Kreuzes Stamm
Für unsre Sünd' geschlachtet.
Für uns gingst Du in Not und Tod,
Du opfertest Dich völlig Gott,
Für uns wardst Du verachtet.
Jetzt kann uns nichts verdammen mehr.
O Jesu, Dir sei Dank und Ehr!

Und du?

Darf ich fragen: Hast du, der du dieses liest - auch wenn du vielleicht noch jung bist - in Gedanken schon genauso beim Kreuz gestanden?
Er, der Heilige, der Unschuldige, Er litt unsagbar, Er starb.
Das ist das stellvertretende Leiden Christi.
Für wen?
Nicht anstelle *aller* Menschen!
Tausende stehen dem Kreuz gleichgültig gegenüber.
Sie leben wie gewöhnlich weiter, sie leben einfach darauf los, in der Sünde, oder hübsch brav, aber ohne daß jemand für sie starb - bis sie sterben und für ewig verloren gehen.

Andere haben wie gebannt zugesehen und waren gerührt - aber sie sind niemals wie der Israelit bewußt selber als Sünder zu Gott gekommen.

Christus starb für alle, die ihre Hand auf das Lamm, das Lamm Gottes gelegt haben.
Auch du darfst es tun. Du kannst es mit gefalteten Händen tun. Zu Ihm, der am Kreuz hing, leise sagen: Ich, ich habe gesündigt, ich habe das verdient. Herr Jesus, starbst du an meiner Stelle?

Ja, hebe dann die gefalteten Hände zum Himmel und sage: Dank sei Dir, Gott, Vater, ich glaube, ich vertraue auf das Werk Deines Sohnes, das Er am Kreuz vollbracht hat. Dank sei Dir, Herr Jesus!

In dem Augenblick hat Gott all deine Schuld vergeben durch das Blut Christi. Und du bist frei, für ewig frei.

Wie groß war der Altar?

Der Priester nimmt das Lamm und trägt es zum Altar.
Erst da besieht der Mann sich den Altar genauer.
Wie groß ist der Altar!
Fünf Ellen breit und fünf Ellen lang! Sicher ist das nicht zufällig so. In der Bibel ist fünf die Zahl der Verantwortung. Das Gesetz hat fünf Gebote für den Menschen Gott gegenüber und fünf dem Nächsten gegenüber (2. Mose 20). Fünf Finger haben wir an jeder Hand und fünf Zehen an jedem Fuß. Was habe ich mit meinen Händen getan? Nur Gutes?
In meinem Tun und Lassen bin ich Gott gegenüber verantwortlich. Wohin haben unsere Füße uns getragen? Nur dorthin, wo Gott uns haben wollte?
Wir haben fünf Sinne. Haben wir damit Gott gedient? In allem, worin wir Gott gegenüber Verantwortung ablegen müssen, haben wir gefehlt.
Schuldig sind wir, in jedem Gebot, mit jeder Hand und jedem Fuß. Niemand hat Gottes Forderungen entsprochen, nicht einer. Wir haben alle Seine Gebote übertreten, auch wenn es nur in Gedanken war.

Wer diesem zustimmt, darf zu Gottes Altar, zu dem Kreuz, kommen. Hier ist der Eine, der in Seinem Leben auf Erden allen Geboten gegenüber gehorsam war, der vollkommene Mensch Christus Jesus. Er war der Einzige, der das Werk der Versöhnung tun und Gott das Opfer darbringen konnte.

Der Altar hat vier Seiten
Es gibt vier Jahreszeiten (1. Mose 8, 22), vier Windrichtungen oder Ecken der Erde (Jes. 11, 12).
Vier ist in der Bibel die Zahl der Erde.

So haben wir vier Farben an dem Vorhang der Tür gesehen, und es gibt auch vier Evangelien, die von dem Heiland der Welt erzählen, der für alle auf die Erde kam. Er ist „ein Lösegeld für alle", das bedeutet: das für alle ausreicht (1. Tim. 2, 6).
Jeder der will, kann gerettet werden.

Möchtest du los sein vom Banne der Sünd?
Es ist Kraft in dem Blut!
Komm, deine Seele so Frieden gewinnt,
denn Reinigungskraft hat das Blut!

Möchtest du weißer noch sein als der Schnee?
Es ist Kraft in dem Blut!
Das Blut nimmt die Flecken ja fort, heilt dein Weh,
ganz rein wirst du sein durch das Blut!

Die Höhe des Altars betrug drei Ellen.
Wir wissen, daß die Gottheit aus drei Personen besteht: Gott dem Vater, Gott dem Sohn und Gott dem Heiligen Geist. Haben diese drei Personen denn etwas zu tun mit dem Altar, mit dem Werk der Versöhnung? Ja, unbedingt, denn die ganze Gottheit war tätig, als es darum ging, Menschen zu retten:
der Vater gab Seinen Sohn, Joh. 3, 16;
der Sohn gab sich selbst, Gal. 2, 20;
Er opferte sich durch den ewigen Geist (d.h. in der Kraft des ewigen Geistes), Hebr. 9, 14. In dieser zuletzt genannten Textstelle werden alle drei Personen in einem Vers genannt: Christus, der SOHN, opferte sich fleckenlos Gott, dem VATER, durch den ewigen GEIST.

Das Material, aus dem der Altar bestand: Holz

Der Altar mußte aus Sittim- oder Akazienholz gemacht werden.
Es kam von einem Baum, der in der Wüste wuchs, der Acacia Arabica.
Von dem Herrn Jesus wird in Jes. 53, 2 gesagt: „Er ist wie ein Reis vor ihm (Gott) aufgeschossen und wie ein Wurzelsproß aus dürrem Erdreich". Vgl. auch Jes. 11, 1. In dem Bild dieses Holzes sehen wir Seine Menschheit dargestellt. Holz ist aus der Erde gewachsen.

Wir lesen von Ihm, daß Er von einer Frau geboren wurde (Gal. 4, 4). In Jes. 4, 2 wird Er die „Frucht der Erde" genannt.

Sicher, Gottes Sohn, Jesus Christus, war der wahrhaftige Gott und das ewige Leben, siehe 1. Joh. 5, 20. Das dürfen wir nie vergessen, und das wird Er immer

bleiben. Aber Er, der der ewige Gott war und ist, kam in unendlicher Liebe und Gnade auf die Erde und wurde wirklich Mensch.
Warum erniedrigte Er, der allmächtige Schöpfer, sich so tief? Es war, um leiden und sterben zu können; so heißt es in Hebräer 2. Als Gott hätte Er niemals sterben können, das war unmöglich. Aber Er hat Blut und Fleisch angenommen.
Er ist in allem den Brüdern gleich geworden, um die Sünden des Volkes zu sühnen. Er mußte Mensch werden, um Gottes Gericht über uns auf sich nehmen zu können.
Er ist in Schwachheit gekreuzigt worden (2 Kor. 13, 4); davon spricht das Holz des Altars.

Das Erz

Der Altar glitzert in der Sonne: Das Holz des Altars ist mit Erz (Kupfer) überzogen. Erz (Kupfer) ist ein Bild von Kraft (siehe z.B. Hiob 40, 13), ja mehr noch: von einer Kraft, die das Feuer des Gerichtes Gottes überstehen kann. Das wird in 4. Mose 16 bewiesen, wo wir von einem Aufruhr lesen. Dort waren 250 Männer, die zu Unrecht opfern wollten; alle diese Aufständischen wurden von dem Feuer des Gerichtes Gottes verzehrt (Verse 35 - 39). Aber nun kommt das Merkwürdige: die (ehernen) Räucherpfannen, die sie in ihren Händen hielten, waren in demselben Feuer gewesen, wurden aber nicht verzehrt. Die 250 Männer lagen - vom Blitz getroffen tot da. Aber an den Räucherpfannen fehlte nichts. Es war eine Kraft in ihnen durch die sie sich dem Feuer des Gerichtes Gottes unterziehen und es trotzdem überstehen konnten. Mit dem Erz dieser Räucherpfannen war der Altar überzogen.

Wer hatte genug Kraft, sich dem Gericht Gottes zu unterziehen? Kein Mensch und kein Engel, nur der Gerechte, der heilige Sohn Gottes.
Was für eine Person! Was für ein Retter!
Er war ein Mensch - das Holz.
Er war Gott - das Erz.
Er allein ist es, der das Opfer bringen und das große Erlösungswerk ausführen konnte, auf das vierzig Jahrhunderte lang gewartet worden war und das ausreicht, um verlorene Menschen zu Gott zu bringen, ja, um die ganze Schöpfung zu reinigen und wiederherzustellen.

Vor einigen Jahren hat die Wissenschaft folgende Entdeckung gemacht: Eine Holztür, die völlig mit Kupfer überzogen war, erwies sich als absolut feuerbeständig. Die Erfindung wurde an die Londoner Feuerwehr weitergegeben, die Versuche damit machte. Das Verfahren bestand alle Proben und bekam die Bestätigung: feuerbeständig. - Hier wird die Genauigkeit der Bibel deutlich: sie ist der Wissenschaft voraus.

Das Gitter, das Feuer, die Hörner des Altars

Das Feuer lodert im Altar.
Auf halber Höhe ist im Altar ein Gitter angebracht; darauf wurde das Holz gelegt. Hier brannte das Feuer, das von Gott selbst angezündet worden war (3. Mo. 9, 24).

Der Mann erschrickt doch wieder, als der Priester das Lamm in das Feuer legt. Was für eine Feuersglut! Gott ist wie ein verzehrendes Feuer, sagt Hebr. 12, 29.

Bewegt sieht der Israelit das Lamm in diesen Flammen.
Das Lamm an seiner Stelle...

Ich habe das Gericht verdient. Aber Christus hing am Kreuz, unter dem flammenden Zorn Gottes. Entsetzlich war es für Ihn. Er wurde zur Sünde gemacht, auf daß wir Gottes Gerechtigkeit würden in Ihm (2. Kor. 5, 21).
Er war in den drei Stunden schrecklicher Finsternis von Gott verlassen (Matth. 27, 46).
Hier sind stiller Dank und Anbetung am Platze.

Wenn wir diese Liebe und das vollbrachte Werk angeschaut haben, verstehen wir auch besser, daß es für jemanden, der das Kreuz Christi abweist, keine Gnade geben kann; daß für einen Menschen, der dieses Opfer nicht annehmen will, nur die Strafe des ewigen Feuers übrigbleibt.

Der Mann weicht ein paar Schritte zurück.
Dann sieht er ein merkwürdiges Schauspiel.
Dieser große eherne Brandopferaltar...die Flammen schlagen darüber hinaus... der Rauch, der zum Himmel aufsteigt... die vier Hörner an den Ecken des Altars... sie sind mit Blut bestrichen...sie weisen zum Himmel...Es ist, als ob der Altar

Der große, eherne Brandopferaltar stand im Vorhof; er war fünf Ellen breit, fünf Ellen lang und drei Ellen hoch. Mitten in diesem Altar befand sich das Gitter, auf dem das Feuer brannte.
Was für ein ernster Gedanke!
Wie furchtbar war das Feuer, von dem das Opfertier verzehrt wurde!
So war der Herr Jesus in dem Feuer des Zornes Gottes, als Er in den drei Stunden der Finsternis am Kreuz hing.

Der goldene Räucheraltar stand nicht im Vorhof, sondern im Heiligen. Hier wurden auch keine Schlachtopfer, sondern wohlriechendes Räucherwerk dargebracht.
Dieses wurde in einem goldenen Weihrauchfaß auf dem Altar verbrannt.
Dieser Altar war ziemlich klein, nur eine Elle lang und eine Elle breit, aber verhältnismäßig hoch, nämlich zwei Ellen.
Als Räucherwerk steigen Gebete und Anbetung der Gläubigen auf und sind Gott angenehm.

Das tägliche Morgen- und Abendbrandopfer.

Bei diesem ehernen Altar wurden Schlachtopfer zur Sühnung von Sünden dargebracht. So fanden schuldige Menschen Vergebung.

Alle diese Opfer wiesen auf das wahre Lamm Gottes hin. Als Er am Kreuz starb, war die Grundlage gelegt, auf der jeder Sünder gerettet werden kann. Das einzige, was der Mensch dazu tun muß, ist: sich zu Gott bekehren (d.h. Umkehr zu Ihm mit dem Bekenntnis der Schuld) und an den Herrn Jesus Christus glauben. Das letzte bedeutet: dem Werk, das Er auf dem Kreuz vollbracht hat, vertrauen.

seine Hände zu Gott hin ausstreckt, also ob der Altar Gott das Opfer anbietet!

So ist also der Altar, auf dem das Opfer dargebracht wurde, ein Bild von dem Herrn Jesus. So wie der Altar Gott das Opfer brachte, es Gott anbot, so hat Christus Sich Selbst Gott geopfert. Dies verlieh Seinem Opfer den Wert: Er brachte es, Er, diese wunderbare Person. So ist Matth. 23, 19 zu verstehen: Der Altar ist mehr als das Opfer, denn der Altar heiligt das Opfer. Christus ist alles: Altar und Opfer. Er ist auch der Priester, der das Opfer in Flammen zu Gott aufsteigen läßt: Er opferte Sich Selbst.

Das Kreuz bedeutet nicht nur Rettung für den Sünder. Es ist etwas mit dem Kreuz verbunden, das noch höher und noch wunderbarer ist: es offenbart auch die Hingabe des Sohnes an den Vater. Der Sohn Gottes gab Sich Selbst für uns. Ja, aber zu allererst gab Er Sich Selbst Gott hin. Gott war durch die Sünde entehrt, und nun wollte Er Gott ehren. Er gab sich freiwillig hin, um Gott bis in den Tod zu verherrlichen. Als dann Gott als GOTT Sein Angesicht vor Ihm, der zur Sünde gemacht wurde, verbarg, ruhte zur gleichen Zeit der Blick Gottes des VATERS voller Liebe auf Seinem Sohn.

„Darum liebt mich der Vater, weil ich mein Leben lasse“, sagt Er selbst in Johannes 10, 17.

Niemals sitzen

Ein Seufzer der Erleichterung steigt in dem Israeliten auf.
Alle seine Sünden sind weggenommen. Er kann frei ausgehen.

Dann plötzlich hält er den Priester fest: Aber wenn ich jetzt morgen wieder sündige? Was dann? -
Dann mußt du wieder mit dem Opfertier kommen, mit einer Ziege oder einem Schaf oder ein paar Tauben. -
Und wenn ich nächste Woche dann wieder... -
Ja, dann wieder ein Opfer! Ich werde hier niemals fertig mit meiner Arbeit.
Hast du bemerkt, daß hier nirgendwo ein Stuhl steht?
Im Vorhof gibt es keinen Sitzplatz; auch in der Wohnung selbst gibt es keine einzige Gelegenheit zum Sitzen oder Ausruhen. Ich kann mich hier niemals hinsetzen. Ich bin nie fertig, habe nie Ruhe.

Die Erläuterung dazu finden wir in Hebr. 10, 11 wo wir lesen: „Jeder Priester steht täglich da, den Dienst verrichtend und oft dieselben Schlachtopfer darbringend" ... Warum durfte er in der Stiftshütte, wo sein Arbeitsplatz war, nicht sitzen?
Weil er in der Zeit des Alten Testaments lebte, also vor dem Kreuz. Das große Erlösungswerk war noch nicht vollbracht.
Darum war noch keine Ruhe möglich.
Unzählbar viele Opfertiere wurden gebracht und geschlachtet.
Zum Beispiel in 1. Kön. 8, 63 lesen wir allein von 22000 Rindern und 120000 Schafen, die bei der Einweihung von Salomos Tempel geschlachtet wurden.
Und doch konnten all diese Opfertiere keine Sünden tilgen.
Das sagt auch Hebr. 10, 4: „Denn unmöglich kann Blut von Stieren und Böcken Sünden hinwegnehmen."
Zwar wurden im Alten Bund Sünden vergeben; das haben wir soeben bei dem Israeliten gesehen. David jubelt in Psalm 32: „Glückselig der, dessen Übertretung vergeben, dessen Sünde zugedeckt ist." Aber das alles war:

1. zeitlich, denn wenn wieder gesündigt wurde, mußte wieder geopfert werden,
2. nur in der Voraussicht auf das wahre Opferlamm, das einmal am Kreuz geschlachtet werden sollte (Röm. 3, 25).

Es gab keine dauerhafte Ruhe: immer wieder mußten neue Opfer gebracht werden. Und das Ergebnis? Lies weiter in Hebr. 10, 11:
Alle diese Opfer, die *oft* geopfert wurden, konnten *niemals Sünden hinwegnehmen.*

Darum gab es keinen Sitzplatz in der Stiftshütte.

Ein Jauchzer

Jetzt kommt der große Gegensatz dazu durch unseren Heiland und Retter. Er aber ...! Er aber, der Herr Jesus ... sagt das Neue Testament. Dieser aber ... sagt der Apostel nach dem Kreuz. Er gab sich selbst, wodurch Er eine ewige Erlösung erwarb (Hebr. 9, 12). Er ist einmal erschienen, um die Sünde abzuschaffen durch Sein Opfer (Hebr. 9, 26). Er hat sich jetzt für immer gesetzt zur Rechten Gottes (Hebr. 10, 12).

Früher ein irdischer Priester	– jetzt ein himmlischer Priester
früher ein tierisches Opfer	– jetzt das Lamm Gottes
früher viele Opfer	– jetzt e i n Opfer
früher häufig opfern	– jetzt einmal
früher stehen	– jetzt sitzen
früher niemals fertig	– jetzt für ewig vollbracht
früher keine Sünden weggenommen	– jetzt geheiligt durch Sein Opfer
früher zeitliche Vergebung	– jetzt ein für allemal (Hebr. 10, 10)

Vollkommene Ruhe

Der Herr Jesus sitzt. Er ruht aus.
Er ist in Seine Ruhe eingegangen (Hebr. 4, 10).
Er hat am Kreuz nach den drei Stunden der bitteren Leiden ausgesprochen:

ES IST VOLLBRACHT!

Alles ist getan. Nichts ist zu tun übriggeblieben. Man braucht nur zu Ihm zu kommen. Kommen als ein verlorener Sünder. Kommen, ehrlich, so wie man ist. Die Hand auf das Opfer legen.
Schuld eingestehen, Sünden bekennen. Das ist Umkehr und Bekehrung.

„Wenn wir unsere Sünden bekennen, so ist er treu und gerecht, daß er uns die Sünden vergibt und uns reinigt von aller Ungerechtigkeit" (1. Joh. 1, 9).
Glaube an Ihn, das heißt: vertraue Ihm!
Und *danke* Ihm für die vollkommene Erlösung!

O zweifle nicht länger, o glaub es gewiß,
du hast nun sonst nichts mehr zu tun!
Dein Jesus, Er trat auch für dich in den Riß,
in Ihm kannst du ewiglich ruhn.
Sieh, sieh, Sünder, sieh!
Wer Jesum am Kreuze im Glauben erblickt,
wird heil zu derselbigen Stund'.

Weißt du, wer außerdem auch noch ruht? Gott, der Vater.

Gott ist vollkommen befriedigt, und Er ruht in dem Werk, das der Sohn auf dem Kreuz vollbracht hat.
Du darfst in demselben Opfer ruhen, in dem Gott ruhen kann.

Sel'ger Ruhort! - Süßer Friede
füllet meine Seele jetzt.
Da, wo Gott mit Wonne ruhet,
bin auch ich in Ruh' gesetzt.

Wenn bald alle Erlösten droben sind, werden sie nicht ihr eigenes Lob singen. Sie sind selbst nicht würdig; aber sie singen:

Das Lamm, das geschlachtet worden ist,
ist würdig zu empfangen
die Macht und Reichtum
und Weisheit und Stärke
und Ehre und Herrlichkeit und Segnung.

(Offb. 5, 9 - 12)

DAS WASCHBECKEN

2. Mo. 30, 17 - 21

- Und, Priester, darf ich fragen, warum der Mann dort drüben steht und sich so sorgfältig seine Hände und Füße wäscht?
- Ja, er ist auch Priester; das kannst du an seinem weißen Kleid und dem gestickten Gürtel sehen. Er muß sich waschen, um als ein gereinigter Priester in das Heiligtum hineingehen zu können. Das gilt nicht für dich: der Zugang in das Heilige ist für dich verboten; denn du bist nur ein einfacher Israelit. Genauso ergeht es auch den Leviten, die die Diener der Priester sind. Sie dürfen nur im Vorhof arbeiten und das Heiligtum und seine Gegenstände tragen, wenn wir in der Wüste weiterziehen. Hineingehen in das Heiligtum dürfen nur die Priester, das sind die Söhne und die Nachkommen Aarons, des Hohenpriesters.

Weil Gott so heilig ist und sie sich immer wieder verunreinigen, ist es eine strenge Verordnung, daß sie sich immer wieder am Waschbecken waschen müssen. Sonst wären sie ja nicht rein und könnten Gott nicht dienen!

Nur Priester

So war es im Alten Testament.
Für diesen Israeliten war das Waschbecken nicht wichtig. Er durfte nicht weiter gehen als bis zum Altar.
Für den Priester dagegen war das Waschbecken sehr wichtig: er hatte täglich damit zu tun.

Aber auch für dich, der du dieses liest, ist es notwendig. Wenigstens, wenn du das Opfer angenommen hast.
Denn diejenigen, die das getan haben, hat Gott nicht nur von ihren Sünden gewaschen, sondern Er hat sie auch zu Priestern gemacht. In Offb. 1, 5 lesen wir, daß der Herr Jesus die Seinen liebhat und sie Seinem Gott und Vater zu Priestern gemacht hat. Jetzt gibt es das allgemeine Priestertum der Gläubigen.
Jedes Kind Gottes ist gleichzeitig Priester.
Das Neue Testament kennt keine Priesterkaste und auch keine Laien.

Der Apostel Petrus sagt den Gläubigen, an die er schreibt: Ihr seid...ein heiliges Priestertum, um darzubringen geistliche Schlachtopfer; ... ein königliches Priestertum, um Seine Tugenden zu verkündigen (1. Petr. 2, 5 und 9).

Füße waschen

Wie kommt es, daß so viele echte Christen doch nicht die volle Glaubensgewißheit besitzen? Sie haben eingesehen, daß sie schuldig und verloren waren. Sie sind beim Altar gewesen, am Kreuz, und haben, bildlich gesprochen, ihre Hände auf das Opfer gelegt.
Sie haben Augenblicke oder Zeiten gekannt, in denen sie darauf vertrauten: das Blut Jesu Christi, des Sohnes Gottes, reinigt von aller Sünde (1. Joh. 1, 7).
Vielleicht haben sie auch für die Erlösung gedankt. Ja, das Danken ist so wichtig, denn Annehmen und Danksagen gehören zusammen (s. 1. Joh. 1, 12 und 13 und Kol. 1, 12).
Aber dann plötzlich wurde alles wieder dunkel um sie her.
Sie merkten zu ihrem Kummer, daß sie noch sündigten. Es schien fast, als wäre alles beim alten geblieben.
Ist die Bekehrung denn auch echt gewesen? Und dann kamen Zweifel.

Einmal gerettet, immer gerettet

Muß man sich denn immer wieder von neuem bekehren?
Immer wieder von neuem um Versöhnung durch das Blut bitten?
Immer wieder hinfallen und aufstehen? Muß immer die Unsicherheit bleiben?
Das ist sicherlich nicht nach Gottes Gedanken.
Hier liegt ein Mißverständnis vor. Die Ursache liegt darin, daß man die Bedeutung von Altar und Waschbecken nicht versteht.

Der Altar sagt einem Ungläubigen:

Du bist ein Sünder.
Durch das Leiden und Sterben Christi am Kreuz ist das Werk vollbracht. Sein Blut bringt für jeden, der seine Sünden bekennt und an Christus glaubt, ewige Versöhnung. Der Wert des Werkes Christi bleibt ewig bestehen. Es wird nie wiederholt.

Das Waschbecken sagt einem Gläubigen:

Du bist ein Kind Gottes.
Aber du kannst noch durch die Sünde beschmutzt werden.
Diese Flecken müssen durch ein Schuldbekenntnis entfernt werden.
Hierzu ist der Herr Jesus unser Fürsprecher bei dem Vater. Er reinigt unsere Füße durch die Waschung mit Wasser durch das Wort. Das haben wir immer wieder nötig.

Wasser reinigt

Das Waschbecken ist der zweite Gegenstand auf dem Weg in das Heiligtum Gottes. Es war gefüllt mit Wasser. Was bedeutet Wasser in der Schrift? Epheser 5, 26 sagt: Er reinigt die Versammlung durch die Waschung mit Wasser durch das *Wort*.
Johannes 15, 3: „Ihr seid schon rein um des *Wortes* willen, das ich zu euch geredet habe."

Wasser stellt hier die reinigende Kraft dar, die das Wort Gottes auf jemanden ausübt.

Zwischen Brandopferaltar und Heiligtum stand das Waschbecken, gefüllt mit Wasser.
Hier mußten die Priester ihre Hände und Füße waschen, bevor sie in das Heiligtum hineingingen. Denn durch die täglichen Beschäftigungen und das Gehen im Wüstensand wurden sie immer wieder verunreinigt. Um im Dienst Gottes bleiben zu können, mußten sie immer wieder beim Waschbecken gereinigt werden.
So ist es jetzt mit jedem Gläubigen. Jemand, der bei dem Kreuz, dem Altar, gekniet hat, ist ein Kind Gottes, ja, er ist ein Priester. Und doch muß er immer, wenn er verunreinigt wird, aufs neue mit einem Bekenntnis zu Gott kommen. So wird er immer wieder gereinigt.

Die vier Teppiche oder Decken der Stiftshütte lagen übereinander.
Aber hier sind sie teilweise zurückgeschlagen, so daß wir jede Decke sehen können. Ihre Farben haben eine symbolische Bedeutung, die wir in der Bibel finden können und die dort erklärt wird. Sie sagen uns etwas über die Herrlichkeit Christi.

Blut und Wasser

Nach dem Tod Christi durchbohrte ein Soldat mit einem Speer Seine Seite, und es kam Blut und Wasser heraus (Joh. 19, 34). Blut spricht von Versöhnung. Wasser spricht von Reinigung (1. Joh. 5, 6).

Das Blut der Versöhnung wird auf jemanden bei der Bekehrung angewandt.
Danach gibt es die immer wiederkehrende Reinigung durch das Wasser; davon spricht das Waschbecken.

Wenn wir die Versöhnung kennengelernt haben und uns danach auch immer wieder der Reinigung durch das Wasser (das Wort Gottes) unterziehen, wird dies alle Zweifel in unserem Glaubensleben in die Flucht schlagen.

Teil an Ihm und mit Ihm

Im Orient trug man keine Schuhe oder Strümpfe, sondern nur Sandalen. Dadurch wurden die Füße schnell schmutzig, besonders, wenn sie durch das warme Wetter verschwitzt waren, und das bei diesen Straßen, die ja viel staubiger sind als bei uns. Nun war es nicht erlaubt, mit schmutzigen Füßen auf den Ruhepolstern, die rund um den Tisch lagen, zum Essen zu liegen. Darum hatte man die Gewohnheit, daß die Füße der Gäste vor dem Essen gewaschen wurden (Luk. 7, 36 - 50).

In der letzten Nacht Seines Lebens, als die Jünger miteinander stritten, wer von ihnen der Größte sei, hat der Herr Jesus die Füße der Jünger gewaschen. Er wurde Diener von allen. Petrus fand, daß das zu weit ging, aber der Meister sagte: Wenn Ich dich nicht wasche, hast du kein Teil mit Mir (Joh. 13, 8).

Hierauf kommt es an: Teil *mit* Ihm.
Die Fußwaschung ist nicht dazu da, um Teil an Ihm zu bekommen.
Das bekommt man beim Altar, beim Kreuz.
Aber praktisch, in unserem täglichen Leben, müssen wir Teil, Gemeinschaft, Kontakt *mit* Ihm behalten.

Die Fußwaschung

Dazu muß der Gläubige immer wieder zurückkommen zum Waschbecken, dem Wort Gottes. Wenn einer durch die Wüste läuft, werden seine Füße immer wieder schmutzig. So wird jeder Gläubige immer wieder durch das Böse beschmutzt - auch wenn wir nicht bewußt sündigen - durch das, was wir hören, und besonders durch das, was wir von der Welt sehen. Das macht unser Leben schmutzig und besudelt uns. Auch wenn es nicht zu bestimmten Sünden kommt, müssen wir doch immer wieder beim Waschbecken gereinigt werden.

Wer wäscht unsere Füße?
Es ist beinahe nicht zu glauben: Der Herr Jesus Selbst.
Er wirkt in den Seinen durch das Wasser, das ist das Wort Gottes. Das kann dadurch geschehen, daß wir es hören, oder dadurch, daß wir es selbst lesen. Es hat eine aufdeckende Kraft, so daß wir das Böse, das wir getan haben, einsehen. Die Heilige Schrift ist so rein und lauter, daß wir manchmal ganz plötzlich entdecken: Aber dann ist ja dies oder das bei mir falsch!

So bewirkt Er, daß wir uns beugen; Er bringt uns zur Reue und zum Bekenntnis der Schuld. Sobald wir das Verkehrte bekannt haben, ist es auch vergeben.
Dann sind wir Gläubige, die praktisch gereinigt sind.

Dies bewirkt der Herr Jesus dadurch, daß Er unser Fürsprecher bei dem Vater ist. In 1. Joh. 2, 1 und 2 wird zuerst gesagt: „Meine Kinder, ich schreibe euch dieses, auf daß ihr nicht sündiget.“ Das erwartet der Vater von Seinen Kindern. Aber Er weiß, daß es in der Praxis manchmal anders aussieht; darum folgt gleich danach: „Und wenn jemand gesündigt hat (dann ist das noch kein hoffnungsloser Fall, denn) - wir haben einen Fürsprecher bei dem Vater, Jesus Christus, den Gerechten.“

Wann bekennen?

Einige Freunde sprachen miteinander über die Fußwaschung. Der erste sagte: Ich habe die Gewohnheit, jeden Samstagabend über alles nachzudenken, was in den vergangenen Tagen nicht gut war. Ich bekenne es Gott und kann dann mit einem glücklichen Herzen in den Sonntag gehen.
Ein anderer hatte diesen Gedanken: Nein, ich tue das nicht samstagabends, sondern jeden Abend vor dem Schlafengehen.

Der dritte hatte die Gewohnheit: Jedesmal, wenn ich etwas sage oder tue, was falsch ist und ich merke es, bekenne ich es unmittelbar danach oder wenigstens so schnell wie möglich.
Sogar wenn ein falscher Gedanke aufkommt, verurteile ich ihn und tue ihn aus meinem Herzen.
Wer von diesen dreien wird am meisten dem Willen des Meisters entsprechend und auch gleichzeitig zu seinem eigenen Vorteil handeln?

Ein Kind

Wenn ein Kind seinen Eltern ungehorsam ist, bleibt es trotzdem ihr Kind. Durch die Geburt ist es ihr Kind geworden, und das kann nicht verändert oder aufgehoben werden. Aber das Kind, das unartig gewesen ist, kann nicht froh, kann nicht nahe bei seinem Vater sein – da ist ein Abstand. So ist es auch mit dem Gläubigen, der gesündigt hat. Er bleibt wohl ein Kind Gottes, aber er ist ungehorsam gewesen, er ist nicht froh, hat keine Freimütigkeit zum Gebet, hat keinen Umgang mit dem Vater. Um die Wiederherstellung dieser Gemeinschaft zu erlangen, muß er seine Sünde bekennen, vor dem Vater aussprechen. Dann muß er nicht wie ein verlorener Sünder zu Gott kommen, sondern wie ein Kind zu seinem Vater.

Das ist die Bedeutung des Waschbeckens. Es ist also von großer Bedeutung für das Leben des Christen. Es ermahnt ihn, vorsichtig zu wandeln, um seinen Heiland und seinen Vater nicht zu betrüben. Aber immer wieder, wenn er gefallen und durch die Gnade wieder hergestellt worden ist, erfährt er einen erneuerten Frieden und eine erneuerte Gemeinschaft mit seinem Erlöser, die so sind, daß man sie nicht beschreiben kann.

Der Knecht bis in Ewigkeit

Bruder, Schwester, zieht eure Füße nicht zurück!
Erlaubt es Ihm, sie zu waschen!
Geh immer wieder in dein Zimmer, wo du mit Ihm allein sein kannst, zur Wiederherstellung der Gemeinschaft mit Ihm! Er ist betrübt, wenn du es nicht tust. Er freut sich, wenn du es tust. Denn – mit Ehrfurcht gesagt – Er ist nicht glücklich, wenn du nicht ganz nah bei Ihm bist... Öffne dein Herz weit für Ihn! Erlaube es

Ihm, dort alles herauszuholen, was deinen Frieden hindert! Willst du es nicht tun? Dann wird mehr Kraft in dein Leben kommen, mehr Segen, mehr Frucht für Ihn!

Wie unbeschreiblich groß muß doch die Liebe des Heilandes sein! Denn Füßewaschen ist keine angenehme Arbeit. Und doch tut Er es immer wieder.

Auf der Erde war Er der Diener aller. Und immer noch ist Er unser Diener.
Er bittet für uns, Er lebt für uns. Daß Er unsere Füße wäscht, wird einmal aufhören, wenn wir in Vollkommenheit bei Ihm sind. Aber auch dann geht Sein Dienst weiter: auch im Himmel wird Er den Seinen dienen, ja, bis in Ewigkeit. Siehe Luk. 12, 37!
Alles, was Christus ist, ist Er für die Seinen!

Das Maß

Von dem Waschbecken sind keine Maße angegeben.
Sollte das daher rühren, daß die Gnade, die den Christen in seinem Wandel reinigt, unermeßlich groß ist?
Leider kommen unzählig viele Male Abweichungen und Sünden bei den Gläubigen vor.
Aber Gott ist jedesmal wieder bereit, das Verkehrte, nachdem wir es bekannt haben, wegzutun und uns wiederherzustellen. Seine Liebe ist unbegrenzt.

Die Spiegel der Frauen

Woher kam das Erz für das Waschbecken?
In 2. Mo. 38, 8 lesen wir, daß das Waschbecken aus den Spiegeln der Frauen gemacht war. Sie hatten ihre Spiegel für Gottes Werk gegeben.
Damals gab es noch kein Glas, und die Spiegel waren aus poliertem Kupfer.
Wozu hatten diese Spiegel zuerst gedient? Die Frauen hatten sich darin besehen, vielleicht auch bewundert. Aber was ihrer Eitelkeit hatte dienen können, wurde jetzt für einen besseren Zweck verwandt: sie gaben die Spiegel Gott, und Er ließ sie einschmelzen und daraus einen wertvollen Gegenstand für Sein Haus machen.
Eigentlich wurde wieder ein Spiegel daraus gemacht, aber dieser diente zum Selbstgericht und um Verfehlungen besser sehen zu können. Denn in dem göttlichen Wort,

von dem das Wasser ein Bild ist, können wir uns selbst prüfen, spiegeln, betrachten. Die Fehler, die wir dann entdecken, können beseitigt werden, und wir werden gereinigt.

Die Frauen gaben ihre kupfernen Spiegel für Sein Haus.
Haben wir Gott auch schon einmal etwas geschenkt?
Gott schenkte uns Gaben und Talente. Behalten wir sie für uns selbst?
Oder stellen wir sie in Seinen Dienst?
Wenn wir es tun, wird Er etwas Schönes daraus machen.
Was du Ihm gibst, formt Er um, Er veredelt es und gebraucht es zu Seinem Lob und zu Seiner Ehre!

MODELLE

Schon eine Menge Bastler haben versucht, ein Modell von der Stiftshütte in verkleinertem Maßstab zu bauen, und zwar nach der genauen Beschreibung aller Materialien, Gegenstände und Maße in 2. Mose 25 bis 40.

Das Modell, von dem du die Fotos in diesem Büchlein siehst, ist von Fachleuten verschiedener Gebiete im Maßstab 1:25 nach den Anweisungen von Paul F. Kiene in der Schweiz gebaut worden.
Im Bibel-Museum in Amsterdam steht ein großes Modell (1:7), seinerzeit gebaut von dem gottesfürchtigen Ds. Schouten. Bei beiden Modellen wurde echtes Gold und echtes Silber verarbeitet.

Beim Vergleich einiger Modelle sehen wir kleine Unterschiede. Zum Beispiel weiß niemand genau, welche Form das Waschbecken hatte, noch kennt jemand genau die Haltung der Engel oben auf dem Versöhnungsdeckel.
Das kommt daher, daß wir wohl den Bauplan haben, aber keine Zeichnung.
Mose hatte keine Zeichnung nötig: Gott hatte ihm auf dem Berg alles gezeigt (2. Mo. 24).
Und für uns hat Gott alles weggelassen, was für die geistliche Bedeutung nicht wichtig ist, und hat alles gegeben, was Er für nötig hielt, um uns Seine Gedanken über Sein Haus kennenlernen zu lassen.

DIE BRETTER

2. Mo. 26, 15–30

Woraus ist das Haus eigentlich gebaut?
Aus Holz, aus großen Brettern. Jedes Brett ist zehn Ellen hoch (fünf Meter also) und eineinhalb Ellen breit. Insgesamt sind es achtundvierzig Bretter. Sie bestehen, genau wie der Altar, aus Sittim- oder Akazienholz. Ebenso wie bei dem Altar spricht das Holz, das aus der Erde gewachsen ist, von der Tatsache, daß der Herr Jesus wirklich Mensch war, auf Erden geboren.

Gold

Aber die Bretter waren mit Gold überzogen.
Es muß gewaltig viel Gold dazu nötig gewesen sein. Durch Gottes Vorsorge hatten die Israeliten es zusammen mit anderen Schätzen aus Ägypten mitbekommen (2. Mo. 12, 35 und 36).
Was muß das für eine Pracht und ein Glanz im Heiligtum gewesen sein: alles war pures Gold, was dort glänzte!
Das edelste Metall, Gold, finden wir in der ganzen Bibel immer wieder. Es beginnt schon in 1. Mo. 2, im Garten Eden. Gold war zu allen Zeiten begehrt. Auch bei der Beschreibung des neuen Jerusalem in Offb. 21 finden wir einen Überfluß von Gold. Diese Stadt hat die Herrlichkeit Gottes, ist aus lauter Gold; selbst die Straße ist reines Gold. Das Gold spricht vom Himmel, von der Herrlichkeit Gottes.

Das Holz der Bretter stellt Christi wahre Menschheit dar – das Gold Seine göttliche Herrlichkeit. So wandelte Er auf Erden: Gott und Mensch in einer Person. Gott ist geoffenbart im Fleische (1. Tim. 3, 16).
Die Menschen sahen zuallererst Seine Menschheit; nur wenige entdeckten das Gold, Seine Gottheit. Bei dem Vater war es umgekehrt: Bei den Brettern dieses Hauses sah Er zuerst das Gold, die Gottheit Seines Sohnes. Aber der Vater sah auch tiefer darunter verborgen, daß Er auch wirklicher Mensch war.
Ein Christ ist auch wie so ein Brett aus Holz: er ist ein Mensch auf der Erde.
Aber in Wirklichkeit ist er mit Gold überzogen.
Es ist zwar ein großes Wunder, aber die Bibel sagt, daß jeder Gläubige, jedes Kind Gottes mit der Gerechtigkeit Gottes bekleidet ist (2. Kor. 5, 21).

So wie der verlorene Sohn in Lukas 15 das beste Kleid vom Vater bekam, so kann jeder Gläubige sagen: Meine Seele jauchzt in meinem Gott, denn Er hat mich bekleidet mit Kleidern des Heils, den Mantel der Gerechtigkeit mir umgetan (Jes. 61, 10).

So wie das Gold die Bretter bedeckte, so ist der Gläubige „ein Mensch in Christus", also bekleidet mit himmlischer Herrlichkeit (2. Kor. 12, 2).

Gott wohnte in Christus

Bei der Stiftshütte, zur Zeit des Volkes Israel, bildeten diese mit Gold überzogenen Bretter die Wände. Hier war der Ort, wo Gott wohnte.
Später kam der Sohn Gottes auf die Erde. Dann wohnte Gott in Ihm, in dem Herrn Jesus. „Es war das Wohlgefallen der ganzen Fülle (der Gottheit), in Ihm zu wohnen" (Kol. 1, 19).

Er wohnt in jedem Gläubigen

Nun, da Christus in den Himmel aufgenommen ist, ist jeder Gläubige ein Haus, ein Tempel, worin der Heilige Geist wohnt. „Wißt ihr nicht (!), daß euer Leib der Tempel des Heiligen Geistes ist, der in euch wohnt, den ihr von Gott habt..?" (1. Kor. 6, 19).

Er wohnt in der Versammlung[1])

All die Bretter standen gleichsam Schulter an Schulter und formten so Gottes Haus auf der Erde. So gibt es auch in unserer Zeit eine Wohnung Gottes: Es ist Seine Absicht, daß alle Gläubigen zusammen gemeinsam jetzt das Haus bilden in dem Gott wohnt.
Er wohnt jetzt nicht mehr in einem materiellen Haus aus Gold oder in einem steinernen Tempel wie zur Zeit Salomos.
Das Haus Gottes ist die Versammlung des lebendigen Gottes, so wie es in 1. Tim. 3, 15 steht. Und Eph. 2, 22 sagt: Ihr, Gläubige, werdet aufgebaut zu einer Wohnung (Behausung) Gottes im Geiste. Wie deutlich ist das!

[1]) oder Gemeinde, Kirche, d. i. die Gesamtheit aller wahren Gläubigen, die durch das Blut Christi erkauft und nach dem Pfingsttage durch den Heiligen Geist zu einem Leibe getauft sind!

„Dessen Haus ihr seid“. Das wird an die Hebräer in Kap. 3, 6 geschrieben. Diese neutestamentlichen Gläubigen bildeten damals, ebenso wie die Gläubigen jetzt, das Haus Gottes.
Alle wirklichen Kinder Gottes bilden zusammen die Versammlung Christi. Sie werden, so wie Petrus es in dem zweiten Kapitel seines ersten Briefes sagt, als lebendige Steine aufgebaut zu einem geistlichen Haus, einem heiligen Priestertum.

Dennoch ist es möglich . . .

Es ist schade, daß die Gläubigen jetzt nicht mehr, genauso wie die Bretter, sichtbar Schulter an Schulter stehen, daß Spaltung und Trennung unter den Christen herrscht. Kurz nach dem Entstehen der Versammlung war die Einheit noch sichtbar. Zu den Korinthern wird gesagt: Ihr seid der Tempel das lebendigen Gottes, wie Gott gesagt hat: Ich will unter ihnen wohnen. . . (2. Kor. 6, 16).

Dennoch ist es möglich, die Einheit aller wahren Gläubigen, das Eins-Sein aller wirklichen Kinder Gottes in unserem Herzen zu spüren.
Dennoch ist es möglich, sich auf der Grundlage dieser Einheit zu versammeln. Das kann auch jetzt erlebt und erfahren werden. Sollte Er, der jede Einzelheit im irdischen Gottesdienst Israels festsetzte, Seinen Kindern in unserer Zeit keine Anweisungen für den Gottesdienst geben? Ganz sicher tut Er das!
Und wo? – Wo anders als in Seinem Wort?

Wenn wir uns diesem Wort gemäß von Ungläubigen trennen (2. Kor. 6, 17) und uns denen anschließen, die den Herrn anrufen aus reinem Herzen (2. Tim. 2, 19–22), dürfen wir uns zu dem Namen des Herrn Jesus versammeln.
Sich zu oder in Seinem Namen versammeln bedeutet: rund um Ihn Selbst sich versammeln. Der Herr Jesus ist dann der Mittelpunkt. Er hat die Leitung und die Autorität; Er allein hat alles zu bestimmen. Alle die so zusammenkommen, haben die Verheißung von Matth. 18, 20, daß Er in ihrer Mitte ist.

Standen die Bretter voneinander getrennt da? 2. Mo. 26, 26–29

Sicherlich nicht. So wie die Dauben eines Fasses durch die Reifen fest miteinander verbunden werden, so waren es hier vier durch goldene Ringe gesteckte Leisten oder Querbalken, die die Bretter umschlossen und stehen ließen.

Zu Beginn der Gemeinde, als sie erst gerade entstanden war, in Apostelgeschichte 2, waren es auch vier Dinge, die die Gläubigen verbanden.
In Vers 42 steht, daß sie verharrten in

der Lehre der Apostel
in der Gemeinschaft
im Brechen des Brotes
und in den Gebeten.

Überdies gab es einen Riegel, der von außen unsichtbar war, der aber mitten durch die Bretter hindurchlief.
Er erinnert an die Liebe, die das „Band der Vollkommenheit" ist (Kol. 3, 14).

Das Fundament

Das mußte sicherlich sehr solide sein, denn schließlich stand das goldene Haus einfach so im Wüstensand!
Und ob es stabil war! Der wichtigste Punkt beim Bau eines Hauses ist dies: die Grundlage, das Fundament muß solide sein.
Der göttliche Architekt hatte bestimmt, daß die Grundlage Seines Hauses aus großen Silberblöcken bestehen sollte; jeder Block wog etwa vierzig Kilogramm. Unter jedem Brett waren zwei Silberblöcke. Jedes Brett hatte unten zwei Zapfen oder Stifte. In den Silberblöcken war ein Loch. Jeder Zapfen ruhte in einem Loch des silbernen Fundaments. Was für ein kostbares Fundament!

Das Silber 2. Mo. 30, 11–16 und 38, 25–28

Woher kam all das Silber?
Gott hatte Mose gesagt, daß er das Volk zählen sollte, alle Männer zwischen 20 und 50 Jahren.
Aber wer bei Gott gezählt, d. h. mitgerechnet wurde, mußte einen Preis bezahlen: es wurde das Geld oder das Silber der Versöhnung genannt.
Der Preis der Versöhnung war für jeden, ob reich oder arm, gleich hoch: ein halber Sekel Silber.
So ist es immer geblieben, auch in unserer Zeit: Jemand zählt nur dann zum wahren

Volk Gottes, zur Gemeinde Jesu Christi, wenn der Preis der Versöhnung für ihn bezahlt ist.
Aus dem Silber wurden die Sockel der Stiftshütte gemacht, für jedes der 48 Bretter zwei Sockel.
Das ganze Haus Gottes und jedes einzelne Brett ruhten auf diese Weise auf dem Preis des Versöhnungsgeldes, das bezahlt worden ist. Silber wird fast überall in der Bibel als ein Mittel gebraucht, womit man etwas bezahlt.

Abraham kaufte für vierhundert Silberstücke einen Acker. Für zwanzig Silberstücke wurde Josef, ein Jüngling, verkauft; Judas verkaufte seinen Meister für dreißig Silberlinge.

Einige Sprachen wie Hebräisch und Französisch haben für Silber und Geld das gleiche Wort.

In der Bibel ist Silber bildlich gesehen der *Preis*, den Christus für die Versöhnung bezahlt hat. Es war Sein kostbares Blut. Was für ein hoher Preis!

So kann das Haus Gottes auch in unserer Zeit feststehen, gegründet auf das Lösegeld, den hohen Preis, den unser Erlöser für die Versöhnung bezahlt hat.

Sind das nicht Gedanken, wie sie nur im Herzen Gottes aufkommen konnten? Er hat sie in diesem wunderbaren goldenen Haus niedergelegt. Wir sind nicht erlöst oder freigekauft mit Silber oder Gold, sondern mit dem kostbaren Blut Christi, als eines Lammes ohne Fehl und ohne Flecken, sagt 1. Petr. 1, 18 und 19.

DIE WOLKENSÄULE

Auf der Stiftshütte *ruhte eine Wolke*, genau über der Stelle, wo die Bundeslade stand.
Das war die Wolkensäule, die die Gegenwart Gottes andeutete. Sie war der Wegweiser für das Volk Gottes (2. Mo. 40, 36–38).
Wenn sich die Wolke von der Stiftshütte erhob, mußte das Gebäude nach den Vorschriften von 4. Mo. 4 zusammengepackt werden. Das ganze Volk stellte sich auf und machte sich für die Abreise fertig.

Dann ging es vorwärts. Wohin? In die Richtung, die Gott durch die Wolke angab. Gott war ihr Führer. Wie weit mußten sie gehen? Bis die Wolke stehenblieb.

Dann mußte alles wieder aufgebaut werden, und die Wolke ließ sich wieder nieder auf die Wohnung. In 4. Mo. 9, 15–23 wird dies fesselnd beschrieben. Siehe auch Kap. 10, 33–36.

Und wir? Wir haben diese Wolkensäule nicht. Und doch gibt es für uns eine gute Leitung, solange wir in der Welt sind, die für den Christen eine Wüste ist.
Es ist nicht die Leitung durch eine sichtbare Wolke, sondern durch den Heiligen Geist, der in uns wohnt.
Jeder, der mit seinen Sünden zu Gott gekommen ist und an den Herrn Jesus Christus glaubt, hat diesen göttlichen Gast in sich wohnend (Eph. 1, 13 und 1. Kor. 6, 19). Der Heilige Geist leitet die Gläubigen, wenn sie sich in abhängigem Gebet beugen. Wer sagt: „Ich weiß den Weg nicht; Herr, leite Du mich, sei Du mein Führer“, der wird sicher geführt und bewahrt werden vor falschen Schritten.
„Ich will dich unterweisen und dich lehren den Weg, den du wandeln sollst; mein Auge auf dich richtend, will ich dir raten“, sagt Ps. 32, 8.

VIER FARBEN

Die Vorhänge der Stiftshütte waren alle in folgenden vier Farben gewebt und mit ihnen bestickt:

Weiß	Purpur
Himmelblau	Scharlach

Wir wollen diese Farben näher betrachten und herauszufinden versuchen, was das Wort über sie sagt. Dabei werden wir entdecken – wie könnte es anders sein –, daß sie uns vieles über den Herrn Jesus erzählen. Er hat viele Herrlichkeiten, und es geht hier um die verschiedenen Seiten Seiner Schönheit.
Gott der Vater kennt Ihn wirklich ganz (Matth. 11, 27). Und es ist die Freude des Vaters, Seine Kinder etwas von den Reichtümern sehen zu lassen, die in Seinem geliebten Sohn verborgen sind.

In den vier Evangelien wird der Herr Jesus von vier verschiedenen charakteristischen Seiten beschrieben. In den Farben der Stiftshütte werden wir diese Charakterzüge wiederfinden.

Weißes Leinen (Byssus)

Die erste Farbe ist Weiß: das weiße Leinen. Es spricht von Reinheit und Gerechtigkeit.

Denken wir an den großen weißen Thron von Offb. 20 oder an die reine, feine Leinwand, die Gerechtigkeiten der Heiligen in Kap. 19, 8!

Hier bei den Vorhängen deutet Weiß auf die Reinheit Christi hin. In dem Leinen sehen wir das reine und vollkommene Leben, das Er immer in den Dienst für Gott und für die Menschen stellte. Er war der vollkommene Mensch und der treue Knecht.

Speziell im *Markus*-Evangelium wird Er so dargestellt.

Himmelblau

Welches die Bedeutung von Himmelblau oder Purpurblau ist, ist nicht schwer zu verstehen. Sieh einfach nach oben, zum Himmel! Christus wird der Herr aus dem Himmel genannt (1. Kor. 15, 47), der Herr der Herrlichkeit (1. Kor. 2, 8).
Auch wenn Er auf der Erde wandelt, ist Er der, der aus dem Himmel kommt (Joh. 3, 31), ja, der im Himmel *ist* (Joh. 3, 13). Er war Mensch geworden, aber Er blieb der Sohn Gottes, Gott der Sohn.
Jesus Christus ist „der wahrhaftige Gott und das ewige Leben" (1. Joh. 5, 20).
Als Gott, den Sohn, lernen wir Ihn im *Johannes*-Evangelium kennen.

Purpur

Dieser Stoff war sehr wertvoll und wurde nur von Königen und Reichen getragen. Es fällt auf, daß roter Purpur in der Schrift überwiegend außerhalb des Landes Israel vorkommt, namentlich am Hof der großen Weltreiche.[1])

[1]) In Richter 8, 26 trugen Könige von Midian Purpurkleider. Andere Länder, die mit Purpur in Verbindung stehen: Tyrus, (2. Chron, 2, 13 und 14); Persien (Est. 1, 6 und 8, 15) – Elischa, d. h. Jawan oder Griechenland (Hes. 27, 7 und 1. Chron. 1, 7), Syrien (Hes. 27, 16), Babel (Dan. 5, 29). All diese Länder bilden einen weiten Kreis um Israel.

Wenn man die Decken wegnimmt, kann man in das Heilige hineinsehen. Die Wände, zehn Ellen hoch, waren mit Gold überzogen. Vorne sieht man den Vorhang zum Heiligen, dann den goldenen Leuchter, der das Licht verbreitet. Rechts stand der Tisch mit den Broten, weiter hinten der goldene Räucheraltar; dahinter der Vorhang des Heiligen der Heiligen oder des Allerheiligsten. Dieser war mit Cherubim bestickt.

Hinter dem letzten Vorhang befand sich das Allerheiligste mit der Bundeslade, wo Gott wohnte. In dem Heiligen taten die Priester ihren Dienst. Das Allerheiligste durfte niemals jemand betreten außer dem Hohenpriester einmal im Jahr am Versöhnungstag.

In unserer Zeit ist es ganz anders. Bei dem Sterben des Herrn Jesus ist der Vorhang zerrissen, und der Weg zu Gott ist frei!

Auf dem goldenen Tisch lagen zwölf Schaubrote. Jedes Brot stellte einen Stamm des Volkes Israel dar. Das ganze Volk also wurde Gott gezeigt. So sieht Er die Seinen, und zwar in dem himmlischen Licht des Leuchters. Rund um den Tisch war eine goldene Leiste oder ein Rand angebracht. So wurde – symbolisch – das ganze Volk zusammengehalten und beschützt.
Hinten eine Kanne für Wein. Auf den Broten stehen Räucherschalen.

Purpur ist gleichbedeutend mit universellem, weltweitem Reichtum. Er steht in Verbindung mit der Herrlichkeit des Herrn Jesus als Sohn des Menschen, so wie Er in Psalm 8 gesehen wird, wo *alles* unter Seine Füße gestellt wird.
So ist Er in *Lukas* dargestellt: der Sohn des Menschen, der aber durch Leiden und Sterben Herr der Herren und König der Könige ist.

Scharlach

Im Gegensatz zu Purpur kommt Scharlach (oder Karmesin) in der Heiligen Schrift lediglich in Verbindung mit Israel vor. Es ist ebenfalls wertvoll.[1])
Diese Größe und königliche Herrlichkeit wird Christus als König Israels besitzen.
Nur in Matth. 27, 28 (vgl. die Anm. dort) sehen wir Ihn in einem scharlachroten Mantel. Sein Königtum über Israel ist das große Thema des Evangeliums nach *Matthäus*.

> Und was auch noch bemerkenswert ist: sowohl für das Blau (Purpurblau) als auch für das Rot (Purpurrot) und für Scharlach wurden, um den Farbstoff herzustellen, viele Tausende von Purpurschnecken und Scharlachwürmern getötet; in den Farben steckt also noch etwas, das wieder auf den Tod der Opfertiere hindeutet...

DREI EINGÄNGE

Die Tür in der Umzäunung war der erste Eingang. Durch diesen Vorhang kam man in den Vorhof.

Der zweite Eingang war der Vorhang in das Heilige. Hierdurch durften nur die Priester hineingehen, um ihren Dienst zu verrichten.

Der dritte Eingang war der Vorhang, der das Allerheiligste verschloß. Da durften nicht einmal die Priester hineinkommen. Dort durfte nur der Hohepriester hineingehen, und auch das nur einmal im Jahr: am großen Versöhnungstag.

[1]) In 1. Mo. 38 geht es um die Söhne *Judas*, in Jos. 2, 18 und 21 um die Eingliederung Rahabs in den Stamm Juda. Jer. 4, 13 und 27 bringt Karmesin in Verbindung mit „dem ganzen Land". In 3. Mose 14, 4 und 4. Mose 19, 6 wird es symbolisch für irdische Herrlichkeit gebraucht.

Alle drei Eingangsvorhänge waren in den uns bekannten Farben gewebt. Nur auf dem dritten, dem Vorhang des Allerheiligsten, waren Cherubim zu sehen. Damit sollte angedeutet werden: diese erhabenen Wesen wachen unentwegt über die Heiligkeit Gottes.

Hinter diesem Vorhang stand die Bundeslade, wo Gott wohnte. Der erste Vorhang, der Eingang zum Vorhof, war zwanzig Ellen breit und zehn Ellen hoch. Dieser erste war besonders breit, die anderen waren schmaler und gleichzeitig höher. Laßt uns sehen, ob dies auch etwas zu bedeuten hat!

Eintritt frei

Bei der ersten Tür lädt Gott Sünder ein, und glücklicherweise gehen viele hinein. So kommen sie zum Altar, und dort, beim Kreuz des Erlösers, werden sie gerettet. Sie sind erlöste Sünder, für ewig glücklich.
Wie wir beim Waschbecken gesehen haben, sind sie jetzt Priester. In der jetzigen Zeit, der des Neuen Testaments, dürfen sie weiter gehen; sie könnten in das himmlische Heiligtum hineingehen. Aber leider bleiben viele dort draußen stehen! Finden sie diesen Vorhang zu schmal, zu hoch, zu erhaben?
Wagen sie nicht einzutreten? Sie dürften weitergehen und noch viel mehr genießen, aber sie tun es nicht.

Das ist schade, Sie hätten Schritt für Schritt weitergehen können in das goldene Haus.

Müssen wir denn, um in den Himmel zu gehen, nicht warten, bis wir von dieser Erde abgerufen werden?
Was unseren Leib betrifft schon, aber jeder Christ hat das große Vorrecht, bereits jetzt als Priester in die Gegenwart Gottes zu treten, um Opfer des Lobes und der Anbetung zu bringen. Ja, er darf sogar tun, was den Priestern früher verboten war: er darf durch den letzten, den dritten Vorhang hindurchgehen und in das Allerheiligste treten, das innerste Heiligtum, unmittelbar zum Thron Gottes.

Als der Heiland am Kreuz starb, zerriß der Vorhang des Tempels. Das war der Vorhang zum Allerheiligsten.

Gott tat das, es war kein Menschenwerk, denn der Vorhang zerriß von oben nach unten.
Der Tod Christi eröffnete den Zugang zu Gottes Herrlichkeit.
Wir besitzen die volle Freimütigkeit, in das Heiligtum hineinzugehen – durch den zerrissenen Vorhang hin... (Hebr. 10, 19 u. 20) – Dies ist dein Vorrecht, Bruder und Schwester in Christus! Laßt uns freimütig davon Gebrauch machen!

Zerrissen ist der Vorhang und der Himmel offen,
das Leben und die Herrlichkeit sind unser Los.
Der Fluch, den wir verdient, hat Dich für uns getroffen.
O Gottes Lamm, Dein' Lieb' ist groß!

DIE TEPPICHE

Die Bretter der Wände der Stiftshütte und die Pfeiler, an denen die Vorhänge befestigt waren, können wir das Gerippe des Gebäudes nennen. Darüber waren vier große Teppiche ausgebreitet, die das Dach bildeten. Sie beschützten das große Haus und sicherten es gegen Wind und Wetter ab.

Wer im Heiligen oder Allerheiligsten stand und nach oben sah... war voll Bewunderung. Es war, als ob er in den Himmel hineinsähe. Denn da erblickte er eine prächtige, große Decke in vier Farben mit Cherubim. Es war, als ob ihm zugerufen würde: Hier wohnt der Heilige!

Er sah den untersten von vier Teppichen, die das Ganze bedeckten. Er war 40 mal 28 Ellen groß.
Darüber lag der zweite Teppich, der aus Ziegenhaar gemacht war. Er maß 44 mal 30 Ellen, war also größer als der unterste. Er wurde das „Zelt über der Wohnung“ genannt.
Er bildete einen Schutz für den untersten, prachtvollen Teppich und war gleichzeitig als Sicherheitsmaßnahme gedacht, die das ganze Gebäude von seiner Umgebung absonderte.

Die Decken, insbesondere diese zweite, stellen bildlich die Absonderung dar. Das bedeutet: Gottes Haus (das sind jetzt die Gläubigen) ist beiseitegesetzt oder abgesondert von der Welt und von allem, was nicht in die Gegenwart Gottes paßt.

Laßt uns darauf achten, daß Absonderung nicht Strenge gegenüber Ungläubigen, sondern nur gegenüber sich selbst bedeutet, indem man sich von dem Bösen absondert.
Vollkommen hat Christus dieses getan, als Er auf der Erde war.

Rotgefärbte Widderfelle bildeten die dritte Decke.
Ein Widder wurde u. a. bei der Einweihung der Priester, als sie zum Dienst für Gott geweiht wurden (2. Mo. 29, 15–35 und 3. Mo. 8, 2), geschlachtet. Dieses Opfertier stellt die vollkommene Hingabe des Sohnes an den Vater dar. Gehorsam bis zum Tod am Kreuz! (Phil. 2, 8).
Rotgefärbt, das bekräftigt den Gedanken an Sein Sterben und an das Vergießen Seines Blutes.
Der äußerste Teppich bestand aus Dachsfellen (oder Seekuhfellen). Die sehen von außen nicht attraktiv aus.
Ein Unbekehrter kann Christus nicht wertschätzen. Aber wer Ihn kennengelernt hat, weiß sich sicher und geborgen.
Dieser Teppich widerstand allen Einflüssen von außen. So war Christus der Unveränderliche; die Sünde konnte Ihn nicht antasten.
Er kann jeder Versuchung oder jedem Widerstand erfolgreich begegnen. Unter Seinem Schutz sind wir sicher. Und so werden wir in Seiner Gemeinschaft erhalten.

MITARBEITER GESUCHT! 2. Mo. 31, 1–11

Was für eine Geschicklichkeit und welches Können müssen nötig gewesen sein, um diesen Bau fertigzustellen! Holzbearbeitung, Gußarbeit, Kunstschmiedearbeit...

Die beiden Männer, die Gott zu diesem Werk berief und die die Leitung innehatten, waren Bezaleel (sein Name bedeutet: unter dem Schatten Gottes) und Oholiab (sein Name bedeutet: mein Zelt ist der Vater). In der Schrift sagen die Namen häufig etwas über die Personen aus, die sie tragen. Wir dürfen annehmen, daß ihre

Namen andeuten, daß sie in enger Gemeinschaft mit Gott lebten.
Wir lesen dann auch über Bezaleel: „Ich habe ihn mit dem Geiste Gottes erfüllt" (2. Mo. 31, 3).
Nicht nur Oholiab half ihm, sondern – siehe Vers 6 – „in das Herz eines jeden, der weisen Herzens ist, habe ich Weisheit gelegt, daß sie alles machen, was ich dir geboten habe."

Auch jetzt kann sich jeder mit Gottes Geist erfüllen lassen (Eph. 5, 18) und sich Weisheit geben lassen (Jak. 1, 5), um so mithelfen zu können beim Bauen des Hauses Gottes auf Erden (1. Kor. 3, 10–15 und 1. Petr. 2, 5).

Jeder Israelit konnte Baustoffe und Gaben bringen, konnte etwas zum Aufbau beitragen (2. Mo. 25, 1–9 und 35, 20–24).

Wir dürfen noch mehr tun: nicht nur von unserem Besitz dürfen wir Ihm geben, sondern uns selbst, unser Leben. Und das nicht gezwungenermaßen, sondern freiwillig. Er ist es tausendfach wert. Und außerdem: Was wir für uns selbst behalten, müssen wir doch bald zurücklassen und haben es dann verloren. Was wir aber Ihm geben, ist Gewinn und bleibt für ewig unser Besitz.

Die Frauen

Wer hatte die Umhänge gewebt und bestickt? Das ist doch eine enorme Arbeit gewesen!
Ja, diese große Arbeit haben die Frauen getan.

Eine Frau durfte nicht die Arbeit eines Priesters in der Stiftshütte tun, ja nicht einmal levitische Dienste verrichten. Aber für ihre empfindsamen Finger hatte Gott eine besondere Aufgabe: die Bekleidung, das Äußere Seiner Wohnung zu betreuen.

Ist es nicht so geblieben, daß die gläubige Frau immer noch die zarte Aufgabe hat, für die Kleidung und das ganze Äußere des Volkes Gottes, wo Er in der Mitte wohnt, besondere Verantwortung zu tragen?
Das ist nicht nur so, was ihr Äußeres betrifft, sondern auch hinsichtlich der ganzen Familie. Das beginnt schon bei den Kindern: von der Mutter hängt es ab, ob sie

ihnen durch die Kleidung ein Schamgefühl anerzieht. Es liegt vor allem am Einfluß der Mutter, wie Kleidung und Äußeres der Jugend sich entwickeln; und zuletzt bestimmt auch meistens die Mutter, wie der Vater aussieht. Sie bestimmt, ob die ganze Familie nach Gottes Gedanken gekleidet ist. Was für eine Aufgabe für die Frau, das „Kleid“, das Äußere der Wohnung Gottes, der Gemeinde, weiterhin liebevoll zu sticken!

So wie die Frauen aus Israel die Teppiche webten, die die Herrlichkeit Christi darstellten, so kann eine Schwester in Christus durch Wandel, Verhalten, Worte, durch den Einfluß, der von ihr ausgeht, etwas von dem zeigen, was der Herr Jesus für sie bedeutet.

DAS HEILIGE

Welche Gegenstände waren im Heiligtum?

Der Leuchter,
der Tisch für die Schaubrote,
der Räucheraltar.

DER LEUCHTER

2. Mo. 25, 31–40

Was sehe ich als erstes im Heiligtum?
Das Licht, den Leuchter. Gott ist Licht. Christus war das Licht der Welt (Joh. 9, 5).

Der Leuchter war aus reinem Gold, nicht einfach so gegossen, sondern in geschickter Goldschmiedekunst aus einem Talent Gold mit dem Hammer getrieben. Das reine Gold wurde immer nur geschlagen . . . geschlagen . . .

Er, der das wahrhaftige Licht war, mußte leiden, wurde geschlagen, sogar mit den harten Schlägen des Gerichtes Gottes.

Das Licht im Heiligtum kam von dem goldenen Leuchter.
Dieser hatte sieben Öllampen.

Iier sehen wir das Allerheiligste, dessen hintere
Vand weggenommen ist. So kann man die Bun-
eslade, auf der der Versöhnungsdeckel mit den
Cherubim lag, sehen. Der Hohepriester trug im-
ner ein prächtig besticktes Kleid. Aber einmal
n Jahr, am großen Versöhnungstag, da war
r ganz in Weiß gekleidet.
Er kam an diesem Tag durch das Heilige hin-
urch und ging dann durch den Vorhang ins
Allerheiligste. Dieser Vorhang ist hier gut sicht-
ar. Es ist der Vorhang, der zerriß, als der
Herr Jesus starb. Dadurch wurde für uns der
Zugang zu Gottes Thron geöffnet.

Die Lade des Bundes – von außen und von innen ganz mit Gold überdeckt.
Obwohl Gott so groß ist, daß selbst der Himmel Ihn nicht fassen kann, hatte Er doch in Seiner großen Güte hier Seinen Thron.
Auf der Bundeslade lag eine Platte aus reinem Gold, zweieinhalb mal eineinhalb Ellen groß; das war der Versöhnungsdeckel.
Zusammen mit dem Versöhnungsdeckel waren die zwei Cherubim aus einem Stück getrieben.
Die Gesichter der Cherubim waren auf das Blut gerichtet, das der Hohepriester auf den Versöhnungsdeckel gesprengt hatte und das von Versöhnung sprach.
Durch dieses Blut war der Thron des dreimal heiligen Gottes, der eigentlich ein Gerichtsthron hätte sein müssen, zu einem Gnadenthron geworden.

Für uns bedeutet das, daß der Sünder nur zu Gott kommen kann, weil Gott das Blut sieht: das vollbrachte Werk Seines vielgeliebten Sohnes am Kreuz.

Der Schaft des Leuchters bildete ein Ganzes mit seinen sechs Armen.
Die sieben Öllampen, die darauf standen, gaben Licht in dem Dunkel. Die Lampen wurden mit Olivenöl gefüllt, das ein Bild vom Heiligen Geist ist (Sach. 4, 1–6). Auch Gläubige, die eng mit Christus verbunden sind, können Licht verbreiten, aber sie können das nur durch den Heiligen Geist.

Jedes Lämpchen wurde versorgt. Das verkohlte Stückchen des Dochtes gab kein Licht. Der Priester mußte erst den Schmutz wegnehmen.

Ein Gläubiger, dessen Leben durch „Unreinheit" verstopft ist, gibt kein Licht.

Dann mußte dort erst eine Lichtputzschere angesetzt werden; und auch die Scheren waren aus Gold.
Das war eine Arbeit, die sehr sorgsam und vorsichtig gemacht werden mußte, aber zuletzt schien wieder das volle Licht.

Und es mußte zuerst auf den Schaft des Leuchters fallen, der Christus darstellt. Das ist die Bedeutung von 4. Mo. 8, 3.

Laßt uns diesen Gedanken festhalten: Das Licht, das wir geben, soll nicht auf uns selbst fallen, sondern auf den Herrn Jesus. Er soll beleuchtet, Er soll verherrlicht werden!

DER TISCH MIT DEN BROTEN

2. Mo. 25, 23 - 30

Dem Leuchter gegenüber stand der goldene Tisch.
Auf dem Tisch lagen zwölf Brote, gerade so viele, wie das Volk Israel Stämme hatte. Der Tisch ist Christus (denke an das Holz mit dem Gold). Genauso wie der Tisch die Brote trug, trägt Christus das Volk, das Gott in dieser Zeit hat. Und weil Er sie, jeden von ihnen, trägt, sind sie vor Gott wohlgefällig.
Gott sieht sie in dem Licht des himmlischen Leuchters.

Die zwölf Brote stellen das ganze Volk Israel dar. Als zehn Stämme nach Assyrien weggeführt wurden und nur noch zwei sich im Land befanden, blieben trotzdem zwölf Brote auf dem Tisch.

So müssen wir auch in unserer Zeit die zwölf Brote sehen. Das bedeutet für uns: daß wir mit unserem Herzen, unserer Liebe, unserem Gebet das ganze Volk Gottes umschließen.
Es herrscht Uneinigkeit, es gibt Gruppen, Sekten. Wir müssen es zu unserer Schande und Demütigung erkennen. Aber dazwischen findet man überall Kinder Gottes. Es gibt eine Einheit. Gott kennt die Seinen, und wir wollen ihnen die Bruderhand reichen und sie herzlich liebhaben.

Vater, ich bitte für die,
die du mir gegeben hast,
auf das sie eins seien
gleich wie wir... (Johannes 17)

Rund um den Tisch führte ein goldener Rahmen, ein handbreiter Rand, und darum herum wieder eine goldene Leiste. Die Hand Christi hält die Seinen. Er beschirmt sie. Sind die Hände des Sohnes Gottes nicht stark genug, die Seinen festzuhalten?

Das Brot

Jeden Sabbat wurden die Brote von den Priestern gegessen und durch neue Brote ersetzt. Das Brot auf dem goldenen Tisch war Speise für die Priester. So hatte Gott es angeordnet.
Joh. 6, 32 - 58 sagt: Ich bin das lebendige Brot, das aus dem Himmel herniedergekommen ist; wenn jemand von diesem Brote ißt, so wird er leben bis in Ewigkeit...
Das Leben der Christen wird von dem wahren Brot genährt.
Uns von Ihm zu nähren, uns mit Ihm durch Sein Wort zu beschäftigen, Ihn in uns aufzunehmen, Ihn zu genießen, das gibt geistliches Wachstum und wahren Segen.

DER GOLDENE RÄUCHERALTAR 2. Mo. 30, 1 - 9

Auf dem goldenen Räucheraltar wurden keine Opfertiere dargebracht wie auf dem großen ehernen Altar im Vorhof.

Es durfte nur wohlriechendes Räucherwerk darauf verbrannt werden. Der angenehme Duft stieg zu Gott auf.
Was dieses Räucherwerk darstellt, wird uns in Psalm 141, 2 und Offb. 8, 3 deutlich gesagt. Es sind die Gebete der Heiligen (der Gläubigen), aber auch - wie in Hebr. 13, 15 - der Dank, das Lob und die Anbetung des Volkes Gottes.
Dies alles steigt zu Gott auf, aber es wird dargebracht auf dem Altar. Folglich ist es in Wirklichkeit der Altar, der es Gott bringt. So bringt Christus unsere Gebete und unseren Dank vor Gott. Sollten diese vor Gott angenehm sein können, wenn sie von uns kämen? Nein, Christus reinigt und heiligt sie.

So darf jeder Gläubige Gott als Priester nahen, aber die Kinder Gottes dürfen auch gemeinschaftlich als ein heiliges Priestertum geistliche Opfer darbringen, die Gott angenehm sind durch Jesus Christus, 1. Petr. 2, 5 - 9.

Ruhe

Ein Sperling und eine Schwalbe haben ihr Nest, ein Plätzchen, wo sie ruhen können, sagt Psalm 84, 3. Und dann fügt der Psalmdichter hinzu: So finde ich Ruhe bei Deinen Altären, Herr der Heerscharen, mein König und mein Gott.
Altäre steht dort in der Mehrzahl, denn es gibt zwei davon.

Zuerst muß ein Mensch bei dem ehernen Brandopfer-Altar im Vorhof Ruhe finden, das heißt: er muß die Versöhnung am Kreuz finden. Das ist der Anfang seines Glaubenslebens.
Danach findet er - durch Gebet und Anbetung - Ruhe bei dem goldenen Räucheraltar.
Das ist das Höchste, was ein Mensch überhaupt tun kann; es beginnt hier und wird niemals aufhören. Wir dürfen schon hier auf der Erde Lob opfern und anbeten; aber es ist in Wirklichkeit das, was wir im Himmel bis in alle Ewigkeit tun werden (Offb. 5).

Das Räucherwerk

Das Räucherwerk mußte genau nach der göttlichen Anordnung von 2. Mo. 30, 34 - 38 zusammengestellt werden, aus vier Bestandteilen gemischt.

Niemand durfte es nachmachen oder daran riechen. Das Räucherwerk war ein Geheimnis, allein für Gott. So ist der volle Genuß der Herrlichkeit des vielgeliebten Sohnes allein für den Vater. Der Vater sieht unentwegt voller Liebe auf den Sohn.

„Dieser ist mein geliebter Sohn,
an dem ich Wohlgefallen gefunden habe...“

Beim Brandopfer haben wir das Erlösungswerk gesehen, das Christus vollbracht hat; in dem Räucherwerk sehen wir, was Er Selbst *ist*.
Da geht es nicht um das, was Er getan oder vollbracht hat, so groß das auch ist, sondern es geht um Seine persönlichen Eigenschaften. Eine Person ist immer mehr als das, was sie getan hat. Wir denken dabei an Seine Größe, Seine wunderbare Liebe und die vielen anderen Herrlichkeiten.

Können wir dies Gott als Priester opfern?
Ja, wir können es dem Vater bringen, können vor Ihm aussprechen, was wir in dem Sohn gesehen und bewundert haben.

Wir dürfen uns mit dem erfüllen lassen, was wir in dem Herrn Jesus gefunden haben, was wir an Seiner Person genießen dürfen, und dürfen mit dem Vater darüber sprechen. Dann haben wir Gemeinschaft mit dem Vater und dem Sohn.

Es bleibt natürlich wahr, daß wir niemals genug für das vollbrachte Werk und die Segnungen, die wir dadurch empfangen haben, danken können.

Aber Räucherwerk, Anbetung, ist mehr; es bedeutet: gemeinsam mit dem Vater das genießen, was der Sohn ist, Seine Schönheit, Seine Liebe, alle Seine persönlichen Reichtümer. Das ist wohlriechendes Räucherwerk für den Vater.

Mein Bruder und meine Schwester, du hast den Herrn Jesus lieb; wenn du darüber nachdenkst, wer der Herr Jesus ist, wie groß, wie liebevoll Er ist...dann darfst du Gott nahen und es Ihm sagen; das ist Anbetung.
Das ist das Ausschütten der Narde unserer Seele, wie Maria von Bethanien es tat, als sie Seine Füße salbte und das Haus von dem Duft der Salbe erfüllt wurde (Joh. 12).

Das ist Opfern von wohlriechendem Räucherwerk.

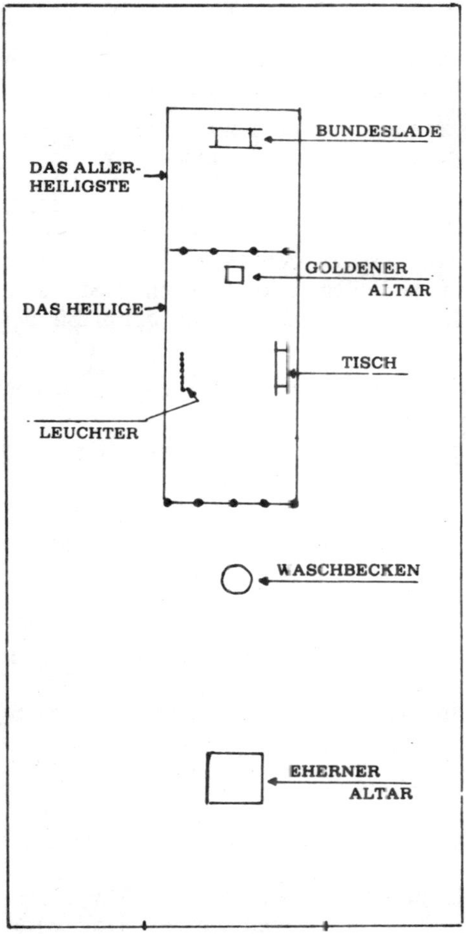

VORHOF UND STIFTSHÜTTE

DER FUSSBODEN

Woraus bestand der Fußboden der Stiftshütte?
Vielleicht denkst du: Genauso wie die Seitenwände aus Gold. Oder du denkst: aus Holz. Beides ist falsch: der Fußboden bestand aus Sand. Ist das möglich? Gottes Haus, so phantastisch und prächtig schön, bestimmt für die höchste Majestät – und dann ein Fußboden aus Sand?

Ja, Gottes Haus mit all den goldenen Gegenständen stand im Sand. Das bedeutet für uns: Gottes Volk ist auf der Reise durch eine Wüste, die dem neuen Leben des Christen nichts bieten kann. Die Karawane zieht weiter; es gibt Schwierigkeiten, Kummer und Enttäuschung, auch Krankheit und Tod um uns her. Aber wir sind nicht allein: Gott ist bei uns in der Wüste, jeden Tag.

Er verläßt Sein Volk nicht. Was für eine Liebe! Was für eine gewaltige Stütze! Auch wenn du es schwer hast – Er ist ganz nah bei dir.

„Mir ist gegeben alle Gewalt im Himmel und auf Erden. . . und siehe, Ich bin bei euch" (Matth. 28, 18 - 20).
Noch einen Augenblick durchhalten, denn Er ist bei uns! Bald ist das Ziel erreicht, dann sind wir bei Ihm!

Die Stangen

Von der Wüstenreise sprechen auch die Stangen zum Tragen: die Gegenstände des Hauses Gottes wurden getragen. Gott war mit Seinem Volk auf der Reise.

Und doch haben uns die Stangen auch etwas zu sagen in Bezug auf unsere Aufgaben. Die Leviten trugen diese kostbaren Gegenstände, die auf Christus hindeuten.

Jeder, der ihnen in der Wüste entgegenkam, konnte sehen, daß sie kostbare Schätze mit sich führten. So tragen wir, die Gläubigen, auch jetzt wunderbare Dinge bei uns. Wir sind reiche Menschen, wir besitzen den Herrn Jesus Christus als unseren größten Schatz. Wir dürfen Ihn darstellen, andere sehen lassen, wer Er ist und was wir in Ihm besitzen. So dürfen wir von Ihm zeugen, damit Sünder gerettet werden.

Tun wir das wirklich? Sind die Stangen auf unseren Schultern? Menschen sollen durch uns Gottes rettende Liebe hören und erfahren.
Gott benutzt zur Verbreitung der frohen Botschaft nur erlöste Sünder. Laßt uns alle mithelfen zu tragen!

DER HOHEPRIESTER 2. Mo. 28

Wer den Hohenpriester gesehen hat...
besser gesagt: wer seine Kleider gesehen hat,
wer versteht, was die Kleider uns über den himmlischen Hohenpriester sagen sollen...
der bekommt ein Gefühl tiefer Dankbarkeit, der kann glücklich und mit festem Vertrauen weiterleben.

Das Ephod

Zuerst ist da das Ephod, das Oberkleid des Hohenpriesters. Es ist in den vier Farben gewebt, die wir bereits kennen.
Aber bemerkenswerterweise sind hier auch Goldfäden hineingewebt (2. Mo. 39, 3). Wir haben gesehen, daß Gold von himmlischer Herrlichkeit spricht. Und wirklich, der Herr Jesus ist jetzt dort oben im Himmel Hoherpriester.

Der Hohepriester mit seinen Schmuckkleidern.
Das Oberkleid war vierfarbig: blauer und roter Purpur, Scharlach und weißes Leinen, alles mit Gold durchwebt.
Wir haben hier ein prächtiges Bild von Christus als dem Hohenpriester für die Seinen. Er ist aus dem Tode auferstanden, in den Himmel aufgefahren und sitzt jetzt zur Rechten Gottes. Als der barmherzige und mitleidige Hohepriester lebt und bittet Er immer für die Seinen, um ihnen in ihren Schwierigkeiten zu helfen. Er trägt die Namen Seiner Erlösten auf Seinen starken Schultern; außerdem ist der Name jedes einzelnen der Seinen in einem Edelstein des Brustschildes eingraviert und wird so auf Seinem liebenden Herzen getragen.

Nachdem das ganze Gebäude mit seinen kostbaren Gegenständen nach dem von Gott entworfenen Plan fertiggestellt war, kam Gottes Herrlichkeit und wohnte in dem goldenen Haus.
Seine Gegenwart wurde durch eine Wolkensäule sichtbar, die auf dem Heiligtum ruhte, über der Stelle, an der die Bundeslade stand. Wir gewinnen hier einen tiefen Eindruck von der Herrlichkeit Gottes, die das Gericht über die Sünder forderte. Aber betrachte dann das Feuer auf dem Altar! Er vollzog das Gericht an dem Lamm, das Er selber gab: an Seinem geliebten Sohn. Jetzt ist für jeden, der kommen will, der Weg frei zu Gott. Außerhalb von Ihm aber gibt es kein Leben, sondern nur das ewige Verderben. Bei Ihm, in Seinem Haus ist es unendlich herrlich. Dorthin ist jeder herzlich eingeladen.

Er war auf Erden, Er weiß, was es bedeutet, hier zu leben.
Er kennt die Schwierigkeiten, den Kummer so gut wie sonst keiner. Jetzt kann Er mit uns fühlen, und das tut Er auch.
Er versteht alles, was dich und mich betrifft. Er hilft den Seinen. Er ist der mitfühlende Hohepriester.

Die Schultersteine

Was sind das für Steine rechts und links auf den Schultern des Hohenpriesters? Das sind Edelsteine; auf jedem Stein sind sechs Namen eingraviert, also insgesamt zwölf, die Zahl der Stämme Israels.
Das ganze Volk wurde auf den Schultern des Hohenpriesters getragen. So trägt der Herr Jesus jetzt alle, die Ihm angehören, das ganze Volk Gottes, auf Seinen starken Schultern.
Auch der gute Hirte trägt das Lamm auf seinen Schultern, wenn er es nach Hause bringt.

Das Brustschild

Das Brustschild war quadratisch, auch mit Gold durchwebt, und darauf waren, in Gold eingefaßt, zwölf verschieden funkelnde Edelsteine angebracht, in die die Namen der zwölf Stämme Israels eingraviert waren.
Edelsteine sind das Schönste, das die Erde hervorbringt, und sie haben manchmal einen unschätzbaren Wert.

Hier ist jeder Name in einen gesonderten Edelstein eingraviert. Hier ist es anders als bei den Schultersteinen:
dort zwei gleiche Steine, hier zwölf verschiedene;
dort das Volk als Ganzes dargestellt, hier jeder Name auf einem gesonderten Stein.
Das sind zwei Gründe, froh zu sein:
Der Herr Jesus trägt die Versammlung als Ganzes (die Schultern), und Er kennt den Namen jedes Einzelnen der Seinen (das Brustschild).

Wenn du errettet bist, dann ist dein Name im Himmel bekannt, dann schätzt der Herr Jesus dich wie einen kostbaren Edelstein. Den Wert haben wir nicht in uns selbst, sondern den haben wir von Ihm empfangen. Dann trägt Er dich auf Seinem liebenden Herzen.

> Dies gilt nicht für Ungläubige. Es wird in der Schrift so dargestellt, daß ihre Namen bei Gott nicht bekannt sind.
> Denk' an die Begebenheit von dem reichen Mann in Lukas 16! Sein Name wird nicht erwähnt, der des Lazarus wohl; sein Name bedeutet: Gott ist mein Helfer.
> Auf der Erde war er unbekannt, nicht aber im Himmel.

Die Namen der Gläubigen sind eingraviert: sie können nie mehr ausgewischt werden.
Sie strahlen im Licht des Himmels. Je mehr Licht, um so heller das Strahlen. Es ist alles nur Gnade, es ist alles nur durch den Hohenpriester möglich.

Alle zusammen auf Seinen Schultern - getragen durch Seine Kraft. Jeder einzeln auf Seinem Herzen - getragen durch Seine Liebe.

> Alle Namen Deiner Frommen
> trägst Du jetzt auf Deiner Brust.
> Alle, die zu Dir gekommen,
> pflegest Du mit Lieb' und Lust.
> Du vertrittst, die an Dich glauben,
> drum wird niemand sie Dir rauben,
> und beim Vater richtet'st Du
> ihnen eine Wohnung zu.

Daher, heilige Brüder, Genossen der himmlischen Berufung, betrachtet den Apostel und Hohenpriester unseres Bekenntnisses, Jesum...(Hebr. 3)... indem Er immerdar lebt, um sich für sie zu verwenden; denn ein solcher Hoherpriester geziemte uns (Hebr. 7).

Urim und Thummim

Das Brustschild ist gedoppelt. Warum?
Weil darin etwas verborgen wurde: die Urim und die Thummim.
Das können ebenfalls Edelsteine gewesen sein; die Namen jedenfalls bedeuten: Lichter und Vollkommenheiten.

Wenn jemand einen wichtigen Beschluß fassen mußte, und er sah nicht deutlich, was Gott wünschte, daß er tun sollte, dann ging er zu dem Hohenpriester. Dieser konnte durch die Urim und Thummim immer genau sagen, was Gottes Weg und Wille war. Gott gab durch sie eine Antwort auf die Frage, und man bekam vollkommenes Licht oder Klarheit darüber, wie man handeln mußte.

Vielleicht denkt jemand: Hätten wir doch auch so einen Hohenpriester, der uns in allem den Weg zeigt!
Ja, genau den haben wir. Nicht auf der Erde - glücklicherweise nicht. Dann müßten wir dahin vielleicht eine große Reise machen. Er ist im Himmel, aber durch das Gebet haben wir eine direkte Verbindung zu Ihm.
Wir dürfen mit jedem Problem zu unserem Hohenpriester gehen.
Er ist für uns da.
Er lebt für die Seinen. Er läßt uns nicht im Ungewissen.
Wir dürfen Ihm alles erzählen - und dann ruhig auf Seine Antwort warten.
Zu Seiner Zeit wird Er uns den Weg deutlich machen.

Das Oberkleid

Das Oberkleid des Ephods bestand ganz und gar aus himmelblauem Purpur. Unten waren Granatäpfel in drei Farben mit jeweils einem goldenen Glöckchen dazwischen angebracht.
Auch das ist etwas Schönes, über das wir nachdenken können. Glöckchen geben einen Klang; aber nur Klang, nur Worte, das ist nicht genug, darum müssen die Früchte dazwischen sein; genauso viele Früchte wie Klänge: Werke und Worte. Bei Christus war alles in vollkommenem Gleichgewicht . . . (Lukas 24, 19).

Der Kopfbund

An der Kopfbedeckung oder dem Turban (dem Kopfbund) aus feinem, gewebtem Leinen war oben an der Stirn des Hohenpriesters eine dünne goldene Platte angebracht, in die eingraviert war:

HEILIGKEIT DEM HERRN.

Das Volk Gottes war in sich selbst unwürdig. Aber Gott sah die goldene Platte mit der Inschrift, und so war Israel geheiligt.
Auch das Volk Gottes in unserer Zeit ist nur durch den Herrn Jesus, unseren großen Hohenpriester, geheiligt und vor Gott angenehm gemacht.

...auf daß wir einen starken Trost hätten, wir, die wir Zuflucht genommen haben zum Ergreifen der vor uns liegenden Hoffnung. Diese haben wir als einen sicheren und festen Anker der Seele, der auch bis in das Innerste des Vorhangs hineingeht, wohin Jesus als Vorläufer für uns eingegangen ist, welcher Hoherpriester geworden ist in Ewigkeit (Hebr. 6, 18 - 20).

DAS ALLERHEILIGSTE

Die Bundeslade

Zum Schluß dürfen wir in das Allerheiligste hineingehen.
Was stand dort?

In diesem vollkommenen Raum symbolisiert durch die kubische Form von zehn mal zehn mal zehn Ellen, war alles aus Gold. Dort stand hinter dem letzten Vorhang die Bundeslade, der Thron Gottes. Dies war der Ort, wo Gott wohnte.

Die Bundeslade war ein Kasten aus Akazienholz, von innen und außen mit reinem Gold überzogen. Daraus ersehen wir, daß die Bundeslade ein Bild von Christus ist. Auf der Lade des Bundes lag eine große, goldene Platte, der Versöhnungsdeckel, zweieinhalb mal eineinhalb Ellen, und darauf waren die Cherubim aus Gold.

Hier wohnte Gott in einem blendenden und unzugänglichen Licht. Das Licht war von dunklen Wolken umgeben. Denn „nicht kann ein Mensch mich sehen und leben“ (2. Mo. 33, 20).

> Zum Glück leben wir nicht unter dem Gestz, sondern in der Zeit der Gnade (Röm. 6, 14). Diejenigen, die Christus angehören, dürfen jetzt mit aufgedecktem Angesicht die Herrlichkeit des Herrn anschauen (2. Kor. 3, 18).

Was in der Bundeslade war

Wenn wir sehen, was in der Bundeslade aufbewahrt wurde, zeigt sich wieder, daß die Bundeslade ein Bild von Christus ist.

In der Bundeslade lag das Gesetz der zehn Gebote. Nur Er hat zu Gott sagen können, als Er auf der Erde war: „Dein Gesetz ist im Innern meines Herzens“ (Psalm 40, 8).
So trug der Herr Jesus das Gesetz Gottes in Seinem Herzen.

Weiter war in der Bundeslade der goldene Krug mit Manna.
Nach Johannes 6 ist Christus das wahre Manna, die Nahrung für die Pilgerreise. Das Allerheiligste ist ein Bild vom Himmel; dort haben wir das Manna nicht mehr nötig.
Warum dann hier noch Manna? Es ist dort oben nur eine himmlische Erinnerung an den Genuß, den wir schon auf Erden an Christus gehabt haben.

Drittens war in der Bundeslade der Mandelstab Aarons, der geblüht hatte (4. Mo. 17). Der Mandelbaum blüht als erster von allen Bäumen und spricht damit von neuem Leben nach dem Tod (des Winters). Darum hat dieser Stab mit der Auferstehung zu tun, mit Christus als dem auferstandenen Überwinder, dem lebendigen Hohenpriester.

Der Versöhnungsdeckel

Er bedeckte die Bundeslade. Hier war der Thron Gottes; er war aus reinem Gold. Dort wohnte der dreimal Heilige, der Allmächtige. (Jes. 6, 3)

Dieser Thron hätte ein Gerichtsthron sein müssen. Das Gesetz, das Israel übertreten hatte, lag darunter. Gott wohnte mitten unter einem sündigen Volk. Eigentlich hätte Er es vernichten, für ewig hinwegtun müssen. Aber einmal im Jahr wurde hier von dem Hohenpriester Blut gesprengt. Das Blut redete von dem vollkommenen Opfer. Dadurch wurde dieser Thron des Gerichtes zu einem Thron der Gnade (Röm. 3, 25).

Die Cherubim

Cherubim sind die erhabensten erschaffenen Wesen. Sie sind die Wächter des Thrones Gottes.
Cherubim mit gezogenem Schwert versperrten Adam und Eva den Weg zurück ins Paradies (1. Mo. 3). Aber in der Stiftshütte stehen sie in Verbindung mit der Gnade.

Ihre Flügel breiteten sich über dem Versöhnungsdeckel aus.
Ihre Angesichter sahen wie in Bewunderung auf das Blut, das dort gesprengt wurde (3. Mo. 16).

Der Thron

Der große Hohepriester, unser Herr Jesus, ist durch die Himmel gegangen und hat Sein Blut in die Gegenwart Gottes gebracht. Lies hierzu Hebr. 4, 14 - 16 und 9, 11 und 12.
Jetzt steht im Himmel kein Gerichtsthron, sondern ein Gnadenthron. Und derjenige ist glücklich zu nennen, der jetzt zu diesem Thron kommt, um begnadigt zu werden, d.h. in die Gunst Gottes zu gelangen. Die Zeit der Gnade hat nun schon gut 1900 Jahre angedauert, aber sie geht zu Ende.
Mit der Wiederkunft Christi beginnt die Zeit des Gerichts.
Dann ist die Gnadenzeit vorbei, und niemand kann mehr gerettet werden. Dann ist es zu spät, und für alle, die sich nicht bekehrt haben, bleibt nur ein anderer Thron übrig, der Gerichtsthron.

In Offenbarung 20, 11 - 15 sehen wir die Toten, die Großen und die Kleinen, vor dem großen weißen Thron stehen; da wird niemand freigesprochen. Alle, die nicht zum Gnadenthron gekommen sind, werden vor dem schrecklichen, majestätischen

Thron stehen. Sie werden ihr Urteil anhören und werden zustimmen müssen: ich habe das Gericht wegen meiner Sünden verdient, ich wollte auf der Erde nicht gerettet werden. Ich werde jetzt für ewig in den Feuersee geworfen werden. Es ist nicht Gottes Schuld, daß ich verloren gehe. Er ist mir voller Liebe begegnet, um mich zu retten, aber ich wollte nicht.

Was werden das für nicht endende Gewissensbisse sein! Heulen und Zähneknirschen: hätte ich doch gehört! Ich war so nahe daran, aber jetzt - jetzt bin ich für immer in der äußersten Finsternis.

Es ist unser inbrünstiges Gebet, ja noch mehr: es ist der innige Wunsch Gottes, daß du, der du dieses Büchlein liest, für diese Zeit und für ewig glücklich wirst.

DAS GOLDENE HAUS. WILLKOMMEN!

Wir waren draußen, fern von Gott.
Wir waren Sünder, Feinde.
Wir hatten eine große Schuld und hatten verdient, für immer draußen im Elend zu bleiben, in der äußersten Finsternis, in der ewigen Nacht.

Wir sind durch die offene Tür hineingekommen. Der Herr Jesus war die Tür.

Bei dem Altar sahen wir Gottes Liebe zu uns; Er ließ seinen einzigen Sohn am Kreuz schlachten.
Dort fanden wir Versöhnung und Frieden mit Gott.

So kamen wir zum Waschbecken und in das goldene Haus. Dort geschah die Heiligung und Reinigung durch das Wort Gottes.
Hier finden wir glückselige Gemeinschaft mit Gott.

Es übertraf alle unsere Erwartungen. Wir sahen die Reichtümer des Herrn Jesus in dem Leuchter, dem Tisch und dem goldenen Räucheraltar.

Durch den Vorhang kamen wir dann in das himmlische Licht, das rund um den Thron Gottes ist. Dort ist unser Zuhause, dort will Gott verlorene Sünder haben.

Ist das ein Traum? Nein, es ist Wirklichkeit.
Wir sehen es jetzt durch den Glauben, bald durch Anschauen.

Was für eine Liebe Gottes!
Wie groß ist Seine Gnade!
Wie wunderbar ist die Person, die das alles veranlaßt hat!
Wer ist Ihm gleich...

Der diese Dinge bezeugt, spricht: Ja, ich komme bald (Offb. 22).

Wenn Er gekommen sein wird, um die Seinen heimzuholen, dann wird durch die Himmelsräume das ewige Loblied der unzählig vielen Erlösten erschallen. Es wird ein gewaltiger Chor sein, denn dort wird mit vollkommenen Stimmen gesungen, und Harfen werden den Gesang begleiten:
Dem, der uns liebt und uns von unseren Sünden gewaschen hat in Seinem Blut und uns gemacht hat zu einem Königtum, zu Priestern Seinem Gott und Vater: Ihm sei die Herrlichkeit und die Macht von Ewigkeit zu Ewigkeit! Amen.

Wirst du dabeisein?
Wirst du mitgehen, wenn Er kommt, um die Seinen in Sein goldenes Haus zu bringen?
Was ist das für eine gewaltige Sache, für immer dorthin zu gehen!
Du darfst mit.
Du bist willkommen!

Es ist das ewige Erbarmen,
das alles Denken übersteigt,
dess', der mit offenen Liebesarmen
sich nieder zu den Sündern neigt;
der uns von Fluch und Tod befreit,
uns führt zu Jesu Herrlichkeit.

O Gnade, welche alle Sünden
durch Christi Blut jetzt tilgen kann!
Sie läßt nun allerorts verkünden
Vergebung, Frieden jedermann.
Das ew'ge Heil ist jetzt bereit.
O wunderbare Gnadenzeit!